So gewinnen Gründer ihre Pitches

Oliver Grytzmann • Carsten Lexa

So gewinnen Gründer ihre Pitches

Kunden, Geschäftspartner & Investoren mit gelungenen Präsentationen überzeugen

Oliver Grytzmann
Candid Rhetorics
Frankfurt am Main, Deutschland

Carsten Lexa
Rechtsanwaltskanzlei Lexa
Würzburg, Deutschland

ISBN 978-3-658-33457-4   ISBN 978-3-658-33458-1 (eBook)
https://doi.org/10.1007/978-3-658-33458-1

Die Deutsche Nationalbibliothek verzeichnet diese Publikation in der Deutschen Nationalbibliografie; detaillierte bibliografische Daten sind im Internet über http://dnb.d-nb.de abrufbar.

Springer Gabler
© Der/die Herausgeber bzw. der/die Autor(en), exklusiv lizenziert durch Springer Fachmedien Wiesbaden GmbH, ein Teil von Springer Nature 2021
Das Werk einschließlich aller seiner Teile ist urheberrechtlich geschützt. Jede Verwertung, die nicht ausdrücklich vom Urheberrechtsgesetz zugelassen ist, bedarf der vorherigen Zustimmung des Verlags. Das gilt insbesondere für Vervielfältigungen, Bearbeitungen, Übersetzungen, Mikroverfilmungen und die Einspeicherung und Verarbeitung in elektronischen Systemen.
Die Wiedergabe von allgemein beschreibenden Bezeichnungen, Marken, Unternehmensnamen etc. in diesem Werk bedeutet nicht, dass diese frei durch jedermann benutzt werden dürfen. Die Berechtigung zur Benutzung unterliegt, auch ohne gesonderten Hinweis hierzu, den Regeln des Markenrechts. Die Rechte des jeweiligen Zeicheninhabers sind zu beachten.
Der Verlag, die Autoren und die Herausgeber gehen davon aus, dass die Angaben und Informationen in diesem Werk zum Zeitpunkt der Veröffentlichung vollständig und korrekt sind. Weder der Verlag, noch die Autoren oder die Herausgeber übernehmen, ausdrücklich oder implizit, Gewähr für den Inhalt des Werkes, etwaige Fehler oder Äußerungen. Der Verlag bleibt im Hinblick auf geografische Zuordnungen und Gebietsbezeichnungen in veröffentlichten Karten und Institutionsadressen neutral.

Springer Gabler ist ein Imprint der eingetragenen Gesellschaft Springer Fachmedien Wiesbaden GmbH und ist ein Teil von Springer Nature.
Die Anschrift der Gesellschaft ist: Abraham-Lincoln-Str. 46, 65189 Wiesbaden, Germany

Dieses Buch ist Personen gewidmet, die uns wichtig sind:
Für Oliver Grytzmann ist dies Martina Seemann.
Für Carsten Lexa sind diese Karola und Oliver Lexa (Familie ist das, was am Ende bleibt) und die BIO 2019 (mit der das Leben großartig ist).

Geleitwort von Stephan Lendi – Vergesst Storytelling. Vergesst Elevator Pitches

Dieses Buch vermittelt dir kein Storytelling im sagenumwobenen, magisch-mystischen Sinne, wie dies zahllose – meist selbst ernannte – Storytelling Gurus für viel Geld in Online-Kursen und Workshops anbieten. Auch vermitteln dir die beiden Autoren nicht noch eine Technik zur Lift-Fahrt mit dem Business Angel, CEO oder Großinvestor, den Once-In-A-Lifetime-Moment für den jahrelang trainierten Elevator Pitch.

Danke Oliver. Danke Carsten.

Ihr tut nicht, was so manchen Pitch zum Desaster hat werden lassen. Ihr tut nicht, was manches Start Up vor dem ersten Erfolg bereits zum Scheitern verurteilt. Und das ist auch gut so. Als Moderator habe ich unendlich viele Pitches gehört, die mit dem vermeintlich innovativen Satz „Stellen Sie sich einmal vor …" bzw. „Imagine …" begannen, begleitet von einer fantastisch großen Handbewegung, die eine innovative Vision implizieren sollte. Was in Wirklichkeit in den Köpfen der Zuschauerinnen und Zuschauer passiert, ist ernüchternd: „Schon wieder einer, der glaubt, innovativ und kreativ zu sein. Schon wieder einer, der viel Lärm um nichts macht. Das ist meine Zeit nicht wert." Die Aufmerksamkeit ist weg; die Chance ist verspielt, das Startup DOA – dead on arrival.

In meinem Beruf als Moderator, Host und Sprecher weiß ich eines: Was ich tagtäglich auf der Bühne, hinter dem Mikrofon und am Bildschirm tue, ist ein Handwerk. Und dieses Handwerk ist lernbar. Ganz konkret, ganz pragmatisch. Nichts daran ist mystisch und sagenumwoben. Die Prinzipien sind einfach und logisch. Hier sind die zwei, die mir am meisten am Herzen liegen.

Grundsatz 1: Ich will mein Gegenüber, meine Zielgruppe verstehen, Motivationen, Erfahrungen, Werte, Bedürfnisse, Ängste und Bedenken. So kann ich auf mein Gegenüber eingehen, Nutzen stiften und ein bestimmtes Verhalten auslösen. Das funktioniert übrigens auch bei einem größeren Publikum und auch virtuell ganz gut. Also: Individualität statt Elevator-Pitch-Einheitsbrei.

Grundsatz 2: Arbeitet nie mit Imagine-Szenarien, die hypothetisch und weltfremd sind, die diskutieren was wäre, was sein könnte und dem realitätsfremden Konjunktiv II verfallen. Seid ganz konkret, fassbar und emotional; nah an Eurem Gegenüber. Je näher ihr an den Menschen hinter der Funktion des Großinvestors oder Business Angels herankommt, desto eher erreicht ihr ein Commitment zu Eurem Projekt. Denn dieses erreicht ihr nicht ausschließlich mit präzisen Zahlen, Daten und Fakten.

Carsten und Oliver haben eben dies verstanden und konkret, pragmatisch und praktisch auf den folgenden Seiten ausformuliert. Storytelling wird entmystifiziert, der Elevator-Pitch weicht dem Verstehen des eigenen Publikums. Ich teile Carstens Leidenschaft und Bühnenerfahrung im Bereich der Zauberei – auch da bilden Struktur und perfektioniertes Handwerk die Basis der Kunst. Im Debattieren ist dies genauso, was Oliver und Carsten gleichermaßen verstehen. Beide haben diese Kunst soweit perfektioniert, dass die erlernten und wohl geübten Techniken nicht nur für die Zuschauer, sondern auch für einen selbst zu einer Leidenschaft werden, die wiederum mit dem Publikum geteilt wird.

Ich danke euch, Carsten und Oliver, dass Ihr Eure Erfahrungen, Eure Techniken und Euer Handwerk weitergebt und dadurch aufzeigt, welche Fähigkeiten und Fertigkeiten hinter der Leichtigkeit und Souveränität eines Pitches, einer Präsentation oder eben einer Moderation stecken.

Stephan Lendi

Stephan Lendi ist Voice Over Artist und Moderator sowie Kommunikationstrainer speziell in den Bereichen Auftrittskompetenz und Körpersprache.

Geleitwort von Friedhelm Wachs – Next

Wir leben in einer Zeit fraktaler Information und kurzer Aufmerksamkeitsspannen. Wir leben in einer Zeit voller Geräusch. Wir leben in einer Zeit, in der die wenigste Information passgenau unser Herz, unsere Erfahrung, unser Bedürfnis trifft. Selten ist etwas dabei, was in uns ankert, wie das Fischerboot mit dem Glasboden über den Korallen im klaren, azurblauen Wasser. Was uns neugierig macht, wo wir mehr wissen wollen. Wo wir bereit sind, tief einzutauchen. Selten. Und deshalb heißt es so oft: next. Ziehen wir weiter!

Wer nicht kommunizieren kann, ist draußen. Wer nur kommunizieren kann auch.

Deshalb ist der Erfahrungsschatz unserer beiden Autoren Oliver Grytzmann und Karsten Lexa so wertvoll. Er kombiniert das rhetorische Handwerk mit den drei im Geschäftsleben relevanten Faktoren Produkt, Team und Markt zu einem Buffet an Präsentationsmöglichkeiten, die der Auslage eines erfolgreichen Fachhändlers für Südfrüchte in nichts nachsteht. Sein exzellentes Geschrei zieht Interessenten an, aber eine einzige faule Ananas kann seine Bemühungen torpedieren und seine unfreundlichen Kollegen das versprochene Einkaufserlebnis zu Enttäuschung werden lassen. Alle drei Komponenten im Blick zu haben und auf das Interesse von Käufern, Geschäftspartnern und Investoren auszurichten, ist die Aufgabe eines guten Pitches. Sonst nichts. Wie Sie diese Aufgabe erfüllen können lernen Sie hier.

Es geht nicht um bunte Bilder. Es geht nicht nur um Fakten. Es geht um die so einfache wie schwere Aufgabe, Vertrauen zu vermitteln, Gier und Neugier zu wecken und den richtigen Anker mit dem richtigen Ausblick zu setzen. Eine Aufgabe, die sich von Pitch zu Pitch verändert, weil unsere Gesprächspartner immer andere sind. Es ist an Ihnen, aus dem großen Büfett die richtige Mischung von Früchten zusammenzustellen, mit jeweils anderen Farben, Gerüchen, mit anderem Geschmack und anderer Haptik, ganz wie es ihrem Gesprächspartner gefällt. Und machen Sie sich dabei nichts vor. Im medialen Zeitalter erscheinen uns viele Dinge als leicht, die von großen Produktionsteams in oft wochenlanger Vorbereitung mit kaum vorstellbaren Aufwand hergestellt werden. Von stundenlanger Arbeit werden nur Minuten sichtbar. Auf diese Arbeit, auf diese Vorbereitung können Sie nicht verzichten. Aber auch hier gilt es, sich ausschließlich an Ihrem Gesprächspartner und Ihrer Gesprächspartnerin zu orientieren. Wenn Sie sich konsequent an ihm oder ihr orientieren und ausreichend Zeit in die Vorbereitung investieren, dann werden sie jedem Investor und jedem Geschäftspartner zu einer informierten Entscheidung verhelfen. Wie auch immer diese ausfällt, ob für Ihr Projekt oder gegen Ihr Projekt, Sie gewinnen in jedem Fall. Ihre Reputation, Ihre Glaubwürdigkeit wächst und damit das Vertrauen in Sie. Und das ist die Währung, mit der Sie langfristig erfolgreich sein werden. Ihnen dabei viel Erfolg!

Friedhelm Wachs (LaxWachsSebenius)
Friedhelm Wachs gehört zu den international führenden Verhandlungsexperten und berät global agierende Konzerne und Regierungen.

Vorwort

Eine der Haupttätigkeiten von Gründern, auch wenn es diesen selbst nicht immer so bewusst ist, sind Präsentationen. Das kann aus offensichtlichen Gründen der Fall sein, weil beispielsweise bei einem Investor das Interesse geweckt werden soll, sich an einem Start-up zu beteiligen. Das kann aber auch der Fall sein, weil ein Start-up für sein innovatives Produkt oder seine Dienstleistung wirbt und so automatisch, aber nicht im „klassischen" Sinn, präsentiert.

Was auch immer der Fall ist, es geht um etwas – sei es Geld, seien es Aufträge, sei es etwas anderes! Doch wie präsentieren Gründer „richtig", also in einer Art und Weise, dank der eine Präsentation zu einem sinnvollen Ergebnis führt?

Wir, Oliver Grytzmann und Carsten Lexa, haben festgestellt, dass es zu diesem Thema an Lektüre fehlt. Natürlich fehlt es nicht an allgemeiner Lektüre zum Thema „Präsentationen". Jedoch existiert ein Buch, welches insbesondere die verschiedenen Situationen betrachtet, in denen sich Gründer bzw. Start-ups wiederfinden, wenn es um Präsentationen geht, unseres Wissens nach nicht.

Wir wollen dies ändern. Und wir glauben, dass wir einiges Hilfreiches dazu zu sagen haben. Wir bringen nicht nur eigene Erfahrungen mit, sondern arbeiten beide seit vielen Jahren sowohl mit Investoren als auch mit Unternehmen und mit Gründern im Bereich Präsentationen zusammen.

Oliver Grytzmann hat dabei seinen Fokus auf der unternehmerischen Seite. Er berät seit dem Jahr 2015 Mittelständler und Großunternehmen in erklärungsbedürftigen Branchen im Bereich Vertrieb und Unternehmenskommunikation nach innen wie nach außen – insbesondere mit dem Fokus auf den Bereich Storytelling. Die Idee dahinter: wie können Unternehmer mit klaren geistigen Bildern Ansprechpartner vom Verständnis und von der Emotion her „abholen". Sein Hintergrund ist der eines Theaterschauspielers und dabei in der Form des sogenannten „Impro-Theaters", einer Schauspielform, bei der ein Stück nicht von Anfang an bekannt ist, sondern sich live auf der Bühne anhand des Inputs der Zuschauer entwickelt.

Darüber hinaus hat Oliver jahrelange Erfahrung im Debating, dem verbalen Wettstreit zweier Teams über fiktive Themen, und ist Vize-Europameister im Public Speaking bei den Toastmasters, der größten Organisation für das Lernen der Kunst der öffentlichen Rede.

Carsten Lexa ist Wirtschaftsanwalt und berät schwerpunktmäßig Unternehmen, Investoren und Gründer in wirtschaftsrechtlichen Fragen, insbesondere bei der Zusammenarbeit und bei der Planung von Investments. Diese Erfahrungen bringt er nicht nur in seine individuellen Beratungen mit ein, sondern auch in die Gremien und Organisationen, in denen er aktiv ist: er ist Gründungsmitglied und Sprecher der Gründerinitiative „Gründen@Würzburg", Botschafter des „Großer Preis des Mittelstands", des größten privat vergebenen deutschen Preises für herausragende Mittelständler, und Mitglied im Expertengremium des Internationalen Wirtschaftsrats für den Bereich Start-ups und Zusammenarbeit von Start-ups und KMUs. Darüber hinaus war er als Weltpräsident der G20 Young Entrepreneurs' Alliance Sprecher von 500.000 jungen Unternehmerinnen und Unternehmern in den G20-Staaten.

Carsten kennt aber nicht nur die inhaltlichen Fragestellungen bei unternehmensbezogenen Präsentationen, er ist auch selbst aktiver Präsentator. Er stand sieben Jahre als „magischer Entertainer" auf der Bühne, ist Vize-Welt- und Vize-Europameister im deutschsprachigen Debating der Junior Chamber International, der größten internationalen Organisation junger Unternehmer und Führungskräfte, und Gründungspräsident der Toastmasters in Würzburg. Er hält darüber hinaus Offline-

und Online-Vorträge und Workshops zu unternehmensrelevanten Themen und moderiert Veranstaltungen.

In diesem Buch haben wir nun unsere Kompetenzen gebündelt und legen sie dir, geneigter Leserin oder geneigtem Leser, zu Füßen. Dieses Buch behandelt neben allgemeinen Anforderungen an Präsentationen die unserer Meinung nach drei wichtigsten Situationen für Gründer, nämlich die Präsentation für Kunden, die Präsentation vor Geschäftspartnern und die Präsentation vor Investoren. Da wir jeweils über besonderes Fachwissen in diesen Bereichen verfügen und wir nicht einfach so unser Wissen „zusammenschmeißen" wollten, sind die einzelnen Kapitel von jeweils einem von uns geschrieben. Da wir dir aber ein möglichst umfassendes Bild geben wollen, haben wir diese Kapitel jeweils gegenkommentiert (**„Oliver sagt"**; **„Casten sagt"**). So bekommst du nicht nur weitere Informationen, sondern auch einen weiteren Blickwinkel und damit eine weitere Meinung.

Ganz wichtig ist es aus unserer Sicht, dass du dir das erste und zweite Kapitel mit den allgemeinen Informationen durchliest. Denn aus unserer jahrelangen Erfahrung heraus haben wir ein paar Grundsätze abgeleitet, die unserer Meinung nach für jede Präsentationssituation gelten. Wir erleben leider immer wieder, dass die gleichen oder zumindest ähnlichen Fehler gemacht werden, die aber gar nichts mit bestimmten Situationen zu tun haben. Deren Vermeidung hilft in jeder Situation und macht jede Präsentation besser, egal für wen diese erfolgt. Allein die Lektüre dieser Kapitel wird deine Präsentationen verbessern, das versprechen wir dir.

Schließlich gibt es von uns nur noch eines zu sagen: Vielleicht hast du Anregungen zu diesem Buch oder weitergehende Fragen. Dann brennen wir darauf, diese zu erfahren. Zögere deshalb nicht und gib uns eine Rückmeldung. Schreibe uns eine E-Mail unter „hello@pitchperfekt.de" oder kontaktiere uns über unsere Online-Kanäle, die wir dir am Ende dieses Buches im vorletzten Kapitel zusammengestellt haben. Und werfe auch schon mal bei Gelegenheit einen Blick auf die Webseite www.pitchperfekt.de, die wir begleitend zu diesem Buch eingerichtet haben. Dort findest du Zusatzmaterialien, die dieses Buch ergänzen (mehr Infos findest du am Ende von Kap. 3):

Wir wünschen dir nun eine anregende Lektüre und allzeit gelungene und erfolgreiche Präsentationen.

Frankfurt am Main, Deutschland Oliver Grytzmann
Würzburg, Deutschland Carsten Lexa

Inhaltsverzeichnis

1 **Gründer, Start-ups, Präsentationen**   1
  1.1 Bedeutung von Präsentationen für Gründer   1
  1.2 Präsentationen sind allgegenwärtig   2
  1.3 Ursachen nicht optimaler Präsentationen   3
  1.4 Wie sich Präsentationen verbessern lassen   5
  1.5 Die Logik hinter den nächsten Kapiteln   5
  Literatur   6

2 **Präsentationen im Allgemeinen – Anforderungen und Erwartungshaltungen**   7
  2.1 Anforderungen   8
  2.2 Erwartungshaltungen   26
  2.3 Ergänzende Materialien   37
  Literatur   37

3 **Präsentationen für Kunden**   39
  3.1 Das Ziel der Präsentation   40
  3.2 Erwartungshaltungen von Kunden   45
  3.3 Psychologische Elemente   49
  3.4 Typische Fehler aus der Praxis   64
  3.5 Dos and Don'ts   68

3.6	Tipps für bessere Präsentationen für Kunden	74
Literatur		76

4 Präsentation vor Geschäftspartnern — 77
- 4.1 Das Ziel der Präsentation — 77
- 4.2 Erwartungshaltungen von Geschäftspartnern — 79
- 4.3 Psychologische Elemente — 80
- 4.4 Storytelling-Elemente — 84
- 4.5 Typische Fehler aus der Praxis — 86
- 4.6 Dos and Don'ts — 88
- 4.7 Tipps für bessere Präsentationen vor Geschäftspartnern — 91

5 Präsentieren vor Investoren — 95
- 5.1 Das Ziel der Präsentation — 97
- 5.2 Erwartungshaltungen von Investoren — 98
- 5.3 Psychologische Elemente — 103
- 5.4 Storytelling-Elemente — 105
- 5.5 Typische Fehler aus der Praxis — 107
- 5.6 Dos & Don'ts — 109
- 5.7 Tipps für bessere Präsentationen vor Investoren — 116
- Literatur — 121

6 Der nächste Schritt — 123

Über die Autoren

Oliver Grytzmann Oliver Grytzmann ist Schauspieler und Berater zum Thema Storytelling für Unternehmen auf dem B2B-Markt. Unter dem Label „Candid Rhetorics" schult Oliver Grytzmann Vertriebler, Marketing-Experten, sowie Verantwortliche im Personalwesen als auch in der PR darin, wie Botschaften nach außen bzw. nach innen mit Stories einen unverkennbaren Mehrwert erhalten. Oliver Grytzmann ist Mitglied bei Toastmasters International – einer der führenden internationalen Redeschmieden – und erreichte 2019 als auch 2020 das Europa-Finale in den Wettbewerben dieser Organisation. In seinem Podcast „Des Hofnarren X. Streich" gibt Oliver Grytzmann wöchentlich Tipps und Strategien für Unternehmen im Bereich Storytelling.

Carsten Lexa Carsten Lexa, LL.M. ist Rechtsanwalt für Wirtschaftsrecht mit eigener Kanzlei in Würzburg und Berlin. Er ist neben seiner Kanzlei Gründer zweier Startups, Vize-Welt- und -Europameister im deutschsprachigen Debating der Wirtschaftsjunioren Deutschland und der Gründungspräsident der Würzburg Toastmasters. Seine Kanzlei berät bei und verhandelt komplexe Wirtschaftstransaktionen. Er hält seit über 10 Jahren Vorträge zu den Themen Unternehmensgründung, -strategie und Verhandlungsmanagement. Er ist Autor mehrerer Bücher im Verlag Springer Gabler, unter anderem zu Fehlern von Start-ups („Fail – Wie man als Start-up versagt"), Botschafter des „Großer Preis des Mittelstands", Mitglied im Expertengremium des Internationalen Wirtschaftsrat und ehemaliger Weltpräsident der G20 Young Entrepreneurs' Alliance (G20 YEA).

1

Gründer, Start-ups, Präsentationen

Warst du schon einmal in der Situation, dass du dein Unternehmen, dein Produkt oder deine Dienstleistung einem anderen angeboten hast? Und erfolgte das Angebot mit der bestimmten Absicht, dass beispielsweise diese andere Person das Produkt bzw. die Dienstleistung kaufen sollte oder das Interesse daran oder an deinem Unternehmen geweckt werden sollte?

1.1 Bedeutung von Präsentationen für Gründer

Dann hast du eine Situation erlebt, in der du etwas präsentieren musstest. Schaut man in den Duden, dann bedeutet „Präsentieren" nichts anderes als „anbieten" (Dudenredaktion 2019). Und genau darum geht es im Rahmen einer Präsentation. Eine Präsentation ist die Aufbereitung von Informationen zur Darstellung von Inhalten, und zwar mit einem bestimmten Ziel und für ein bestimmtes Publikum.

© Der/die Autor(en), exklusiv lizenziert durch Springer Fachmedien Wiesbaden GmbH, ein Teil von Springer Nature 2021
O. Grytzmann, C. Lexa, *So gewinnen Gründer ihre Pitches*,
https://doi.org/10.1007/978-3-658-33458-1_1

1.2 Präsentationen sind allgegenwärtig

Die Situationen, in denen du präsentieren musst, können vielfältig sein. Vielleicht bist du schon ein Gründer mit einem eigenen Unternehmen. Vielleicht hast du dieses Unternehmen sogar erst vor Kurzem gegründet und arbeitest nun an der ersten Version deines Angebots. Vielleicht besteht dein Unternehmen noch gar nicht, sondern du hast die Idee eines Unternehmens, weil dir eine Geschäftsidee gekommen ist und du nun daran arbeitest, wie du aus dieser Idee den Schritt hin zu einem Unternehmen machen kannst. Vielleicht hast du aber schon vor einiger Zeit gegründet, hast sogar schon die ersten Prototypen eines Produktes oder die erste Version eines Dienstes wie einer App am Markt angeboten und willst nun dein Geschäft ausbauen und skalieren.

In jedem der vorgenannten Beispiele wirst du über kurz oder lang mit anderen Menschen in Kontakt treten, weil du etwas von ihnen willst. Es kann sein, dass du ganz einfach Kunden ansprechen und ihnen von der Idee hinter deinem Unternehmen und von der Einzigartigkeit deines Angebots erzählen möchtest. Vielleicht hast du auch festgestellt, dass du Partner benötigst, um entweder deine Geschäftsidee überhaupt oder in einem größeren Umfang als bisher umzusetzen, und musst nun diesen zeigen, dass deine Idee es wert ist, an dieser mitzuwirken. Und schließlich kann es sein, dass du neue oder weitere finanzielle Mittel benötigst, um neue Versionen deines Angebots zu produzieren oder anzufertigen, neue Länder mit deinem Angebot zu versorgen oder neue Produktionskapazitäten zu schaffen.

Unabhängig davon, was dein endgültiges Ziel ist, gibt es bei jeder der vorgenannten Situationen bestimmte Gemeinsamkeiten:

- du gibst gewisse Informationen weiter,
- diese Informationen stehen in einem bestimmten Kontext,
- die Weitergabe der Informationen erfolgt an eine bestimmte Zielgruppe und
- die Weitergabe der Informationen erfolgt zu einem bestimmten Zweck.

Wenn du das nun liest, so behaupten wir an dieser Stelle, hast du wahrscheinlich folgende Gedanken: „*Das klingt doch alles selbstverständlich. Warum soll ich mich denn nun damit näher befassen? Wenn ich jemandem von meinem neuen Produkt, von meinem Unternehmen oder von sonst etwas erzählen muss, dann mache ich das einfach. Da ist doch nichts dabei.*"

Wir können dir diese Gedanken nicht einmal übel nehmen. Tatsächlich ist diese Einstellung genau das, was wir immer wieder erleben, wenn wir uns Präsentationen von Gründern anschauen. Dabei ist es egal, ob es um ein bestimmtes Produkt oder um das Unternehmen selbst geht.

Wir sehen, dass sich Gründer nicht ausreichend, geschweige denn optimal vorbereiten. Wir müssen erleben, dass Präsentationen nicht einzelfallbezogen durchgeführt werden – sei es, weil das Publikum nicht entsprechend berücksichtigt wird, sei es, weil die Umstände einer bestimmten Präsentationssituation nicht ausreichend in die Präsentation eingeflossen sind. Wir stellen fest, dass mit einer zu großen Blauäugigkeit an eine Präsentation herangegangen wird. Wir erleben, dass Abstimmungen zwischen mehreren Präsentatoren nicht passen, dass einfachste Regeln der Darbringung von Informationen nicht eingehalten werden und dass die Aufbereitung der Inhalte nicht in einer Art und Weise erfolgt, die Begeisterung weckt und gleichzeitig diejenigen Inhalte transportiert, die den Gründern wichtig sind.

Kurz gesagt: wir stellen immer wieder Optimierungspotenzial hinsichtlich Präsentationen von Gründern fest.

1.3 Ursachen nicht optimaler Präsentationen

Woher kommt das aber, dass Präsentationen aus unserer Sicht nicht immer das Optimum erreichen, dass die Ziele einer Präsentation nicht erreicht werden oder dass ein bestimmtes Publikum nicht angesprochen wird?

Wir glauben, dass es dafür eine Vielzahl von Gründen gibt:

- Präsentationen werden nicht ernsthaft genug vorbereitet.
- Es fehlt an Wissen in Bezug auf die Besonderheiten bestimmter Präsentationssituationen.

- Es werden Standardpräsentationen gehalten, die dem besonderen Bedarf im Einzelfall keine Rechnung tragen.
- Es wird nicht ausreichend darauf geachtet, welche Anforderungen und Erwartungshaltungen des Publikums angesprochen werden sollen.
- Es werden hinsichtlich der Informationen, die präsentiert werden, keine Schwerpunkte gesetzt.
- Rhetorische Elemente, die im Rahmen einer Präsentation wichtig sind, werden nicht ausreichend beachtet.
- Es fehlt an Verständnis für die Art der „Bühne", auf der eine Präsentation durchgeführt wird.
- Techniken, die im Rahmen einer bestimmten Art der Präsentation wichtig sind, werden nicht ausreichend beherrscht.
- Es wird nicht darauf geachtet, ob ein Präsentator aufgrund seiner Fähigkeiten überhaupt in der Lage ist, eine Präsentation zu halten.
- Es fehlt an Verständnis für die Art der Informationen, die ein bestimmtes Publikum im Rahmen einer Präsentation erwartet.
- Einzelne Elemente einer Präsentation werden nicht so verbunden, dass sich eine Story mit einem klaren Erzählstrang ergibt.
- Die präsentierten Informationen werden nicht ausreichend klar und präzise dargestellt, sondern mit „Füllmaterial" überlagert, sodass die eigentliche Botschaft, auf die es ankommt, untergeht und nicht als Highlight heraussticht. Es fehlt somit an klaren Botschaften.
- Präsentationen werden nicht in einer Form eingeleitet, die ein Interesse weckt, der Präsentation bis zum Ende zu folgen.
- Präsentationen werden nicht so abgeschlossen, dass eine klare Handlungsaufforderung kommuniziert wird.
- Im Gesamtbild lässt sich nicht erkennen, warum die Gründer allgemein für ihr Publikum interessant, vielleicht sogar investierbar sein sollen.

1.4 Wie sich Präsentationen verbessern lassen

Unserer Ansicht nach folgen Präsentationen einer gewissen Logik und einem gewissen Ablauf. Dabei gleichen sich Präsentationen jedoch nicht, auch wenn sie beispielsweise den gleichen Hintergrund haben. Denn im Rahmen einer Präsentation gibt es eine Vielzahl von Elementen und Umständen, die berücksichtigt werden sollten.

Aus diesem Grund geht es zuerst darum, dass du verstehst, was im Rahmen einer Präsentation generell beachtet werden sollte. Diesen von uns als „Anforderungen" und „Erwartungshaltungen" bezeichneten Bestandteilen einer Präsentation solltest du immer Beachtung schenken, unabhängig davon, was du präsentierst, in welcher Situation eine Präsentation stattfindet oder wer dein Publikum ist.

Sodann geht es um die Bestandteile spezieller Präsentationssituationen. Aus unserer Sicht gibt es derer drei, die für Gründer besondere Bedeutung haben:

- Die Präsentation vor Kunden, die ein Produkt bzw. eine Dienstleistung erwerben sollen bzw. denen gezeigt werden soll, was dein Unternehmen besonders macht und von anderen abhebt.
- Die Präsentation vor Geschäftspartnern, mit denen du zusammenarbeiten möchtest oder musst und die du von deiner Geschäftsidee, aber auch von der Besonderheit deines Angebots überzeugen willst.
- Die Präsentation vor Investoren, die Geld in dein Unternehmen investieren sollen bzw. in einer sonstigen Art und Weise deine Idee bzw. dein Unternehmen unterstützen sollen.

1.5 Die Logik hinter den nächsten Kapiteln

Wir widmen uns deshalb im nächsten Kapitel denjenigen Bestandteilen einer Präsentation, die du immer beachten und in deinen Präsentationen umsetzen solltest. In den drei darauffolgenden Kapiteln geht es dann um die vorgenannten drei speziellen Präsentationssituationen.

Wir wollen dir unsere gesamte Erfahrung zur Verfügung stellen, damit du dich auf deine nächsten Präsentationen optimal vorbereiten und diese zu einem Erfolg führen kannst. Lass uns also loslegen!

Literatur

Dudenredaktion (Hrsg.). (2019). präsentieren. Duden online. https://www.duden.de/node/156727/revision/156763. Zugegriffen am 25.01.2021.

2

Präsentationen im Allgemeinen – Anforderungen und Erwartungshaltungen

Für jede Präsentation und insbesondere jede Präsentationssituation gibt es Regeln. Dabei gelten manche Regeln nur für bestimmte Situationen und manche Regeln nur für bestimmte Präsentationen. Allerdings gibt es gewisse „Regeln", die allgemeingültig sind, also unabhängig vom Thema, vom Zuhörerkreis oder vom Ort der Präsentation Gültigkeit haben. Dies sind unserer Ansicht nach die Grundlagen. Leider jedoch sehen wir immer wieder, dass die Grundlagen viel zu wenig beachtet werden. Vielleicht liegt das daran, dass diese gar nicht bekannt sind. Vielleicht liegt das daran, dass Präsentationen von Gründern nicht zum Kerngeschäft gezählt werden. Vielleicht liegt es aber auch an der Selbstüberschätzung: *„Was soll an einer Präsentation schon schwierig sein?"*.

Wir wollen dir im Folgenden die Grundlagen einer jeden Präsentation näherbringen. Dabei unterscheiden wir zwischen zwei Elementen: Diese sind „Anforderungen" und „Erwartungshaltungen". Mit „Anforderungen" an eine Präsentation meinen wir die „Must-Haves" – also die Elemente einer Präsentation, die auf jeden Fall vorhanden sein sollten, unabhängig von der Zielgruppe. „Erwartungshaltungen" an eine Präsentation definieren wir dagegen als Elemente, ohne die ein Vortrag zur Not – aber wirklich nur dann – ebenso auskommt.

Beginnen wir also mit den Anforderungen an eine Präsentation.

2.1 Anforderungen

2.1.1 Die Präsentation hat ein klares und erkennbares Ziel

Jede Präsentation hat ein bestimmtes Ziel. Was im ersten Moment wie eine Selbstverständlichkeit klingt, entpuppt sich immer wieder als große Herausforderung. Dabei ist das Ziel einer Präsentation die „Endstation", an der sich alle Elemente und Inhalte ausrichten, um sie zu erreichen. Ist das Ziel dagegen nicht klar, dann wird es unserer Erfahrung nach schwer, eine Präsentation in eine bestimmte Richtung zu lenken. Denn nur wer weiß, wo es hingehen soll, kann sich Gedanken machen darüber, wie man zu diesem Ziel gelangt.

Wir erleben immer wieder, dass Gründer viel Aufwand in die Erstellung einer Präsentation stecken. So wird mit inspirierenden Sprüchen versucht, bestimmte Momente zu verdeutlichen, Bilder sollen Inhalte auflockern und möglichst viel Content soll in der Präsentation dargestellt werden zu möglichst vielen Aspekten des Unternehmens und der Produkte.

Vergessen wird dabei jedoch eines: der Inhalt einer Präsentation richtet sich aus an dem Ziel. Was benötigt wird, um das Ziel zu erreichen, muss Teil der Präsentation sein. Was nicht benötigt wird, hat in einer Präsentation nichts zu suchen.

> **Oliver sagt**
>
> Stell dir eine Präsentation als Navigationssystem vor, das deinem Publikum allein die Streckenabschnitte anzeigt, die für das Erreichen des Ziels notwendig sind. Eine Präsentation ist also kein Straßenatlas, in dem du alle Straßen eines Landes ohne Kontext für das Erreichen deines Ziels erblicken kannst.

Wenn du nun dies konsequent zu Ende denkst, dann ergeben sich aus der Zielorientierung mehrere Folgen.

Der Sinn von Inhalten einer Präsentation
Du musst dir zuerst im Klaren sein, welche Inhalte in deiner Präsentation eine Rolle spielen sollen, um das Ziel zu erreichen. Inhalte, die vielleicht zwar interessant, cool oder außergewöhnlich sind, sind wegzulassen, wenn sie nicht dem Ziel dienen. In diesem Fall sind sie nämlich eher hinderlich, weil sie dein Publikum von den für das Ziel der Präsentation wesentlichen Inhalten ablenken.

> **Beispiel**
>
> *Wir haben ein junges Unternehmen betreut, welches eine neue Art von Marketingagentur schaffen wollte. Die Idee der Gründer war es, einen sogenannten „integrierten Ansatz" zu verfolgen. Uns wurde dann die Unternehmenspräsentation gezeigt. Diese enthielt Informationen über den Markt für Marketingagenturen, die Mitglieder des Teams und ein paar sehr visuell anspruchsvolle Beispiele fiktiver Marketingkampagnen zur Verdeutlichung der Idee. Wir sollten die Präsentation begutachten, konstruktiv bewerten und Verbesserungsvorschläge einbringen.*
>
> *Nach der ersten Sichtung der Präsentation haben wir die Gründer gefragt, was sie mit der Präsentation bezweckten. Wir bekamen zur Antwort, dass die Präsentation den neuen Ansatz des Unternehmens zeigen sollte, Marketingkampagnen zu entwickeln.*
>
> *Unserer Ansicht nach war dieses Ziel nicht erfüllt. Zum einen war die Präsentation nicht spezifisch. Sie versuchte, möglichst alles über das Unternehmen zu erzählen. Das ist jedoch nicht sinnvoll, weil dadurch für einen Zuschauer gar nicht klar ist, was die wesentlichen Elemente der Präsentation sein sollen.*
>
> *Darüber hinaus ließ die Präsentation nicht erkennen, dass sie überhaupt ein bestimmtes Ziel hatte. Insbesondere zu Beginn der Präsentation wurde nicht darauf eingegangen, dass das Unternehmen einen neuen Ansatz für das Entwickeln von Marketingkampagnen verfolgt. Dieser Inhalt wurde vielmehr während der gesamten Präsentation nicht herausgehoben. Auf unsere Nachfrage wurde uns gesagt, dass die Slides nur der „Verdeutlichung" dienen sollten und die Besonderheit der Agentur dann mit Worten erklärt werden würde. Das passte aber nicht zum oben genannten Zweck der Präsentation.*

Kommunikation des Ziels

Sodann muss das Ziel auch kommuniziert werden. Hierbei machen Gründer unserer Erfahrung nach den Fehler, dass sie der Ansicht sind, die „Zuschauer verstehen schon, um was es geht". Das ist jedoch nicht der Fall. Jeder Zuschauer versteht eine Präsentation auf seine eigene Art und Weise, was insbesondere für die Gewichtung einzelner Elemente und Inhalte gilt.

Wenn du also ein konkretes Ziel mit deiner Präsentation verfolgst, dann mach klar, was dein Ziel ist.

> **Beispiel**
>
> *Nehmen wir an, dass du erkannt hast, dass Nassrasierer deshalb teuer sind, weil die Rasierklingen teuer verkauft werden. Du kannst Klingen extrem günstig herstellen, die genauso gut rasieren wie herkömmliche Klingen. Und du nimmst deinen Kunden ab, dass sie diese Klingen einkaufen müssen – du schickst sie ihnen im Rahmen eines Abo-Modells. Wie müsste ein Video aussehen, dass den Kunden dein Unternehmen und insbesondere die Rasierklingen näherbringt?*

Wir würden empfehlen, das Augenmerk auf drei Punkte zu richten: Auf den besonders günstigen Preis, auf die Qualität der Klingen und auf den Versand. Wie man das machen kann, zeigt dir das Video des „Dollar Shave Club" (DollarShaveClub.com – Our Blades Are F***ing Great – https://www.youtube.com/watch?v=0YwMwTZw12k).

Nicht dagegen würden wir auf das Team oder den Produktionsprozess der Klingen eingehen. Dies kann eine Rolle spielen, wenn zum Beispiel eine Präsentation vor Investoren gezeigt wird. Geht es aber um das Ansprechen von Kunden, dann geht es um Emotionen, um eine Story und um das, was das Produkt von anderen abhebt.

> **Beispiel**
>
> *Im Jahre 2007 stellte Steve Jobs das iPhone vor. Apple wollte Begeisterung für dieses neue Produkt wecken, es sollte die Zuschauer von den Sitzen reißen. Es wäre nun möglich gewesen, die tollen Hardware-Features des Mobiltelefons herauszustellen, das Design oder die elegante Software. Sicherlich alles valide Optionen. Apple konzentrierte sich jedoch auf drei besondere Eigenschaften – und rief beim Publikum damit Begeisterungsstürme hervor. Und das Beste: nötig waren dafür nur knapp drei Minuten (Steve Jobs introduces iPhone in 2007 –* https://www.youtube.com/watch?v=MnrJzXM7a6o*).*

Wenn du also eine Präsentation halten willst, dann mache dir klar, was du mit dieser erreichen willst, was dein Ziel ist. Sieh zu, dass dieses Ziel allen, die die Präsentation sehen, klar wird, und ordne alle Elemente der Präsentation deinem Ziel unter.

> **Carsten sagt**
>
> Das Ziel muss glasklar sein – für dich als auch für deine Zuhörer. Konzentriere dich auf dein Ziel und achte darauf, dass jedes Element deiner Präsentation diesem Ziel dient bzw. das Ziel unterstützt. Dies hilft dir beim Fokussieren und sorgt dafür, dass du alles, was du nicht im Hinblick auf das Ziel benötigst, aus deiner Präsentation entfernst.

2.1.2 Die Präsentation existiert, um die Zielgruppe zu überzeugen

Überzeugen bedeutet in diesem Kontext konkret: dem Publikum der Präsentation in klaren, geistigen Bildern und durch Fakten zu verdeutlichen,

- dass ein Problem besteht,
- welche konkret beschriebene Lösung für dieses Problem die Vortragenden zeigen,

- wie die Lösung in einem Unternehmen implementiert werden kann bzw. soll,
- worin die Vorteile des Start-ups gegenüber dem Wettbewerb bestehen und
- wie die Kostenpunkte aussehen.

Du siehst: eine Präsentation soll für deine Zuschauer ein Fenster in die Zukunft sein, durch dessen Glasscheibe sie durchblicken können. Das Platzieren des Fensters (welcher Ausschnitt soll gesehen werden?) und das Reinigen der Glasscheibe (für den klaren, zweifelsfreien Durchblick) obliegen den Vortragenden.

Damit sagen wir ebenso, was eine Präsentation nicht ist: eine Präsentation ist nicht dazu da, das eigene Start-up im strahlenden Sonnenschein darzustellen. Denn wir alle wissen: Sonnenstrahlen blenden und geblendete Menschen sehen nicht klar.

> **Beispiel**
>
> *Beispiel 1: Zielgruppen ziehen beispielsweise keinen Mehrwert ausschließlich aus der Tatsache, dass dein CTO drei Jahre lang bei Google gearbeitet hat. Bei der Erreichung welches Meilensteins dir diese Person hilft und was er aus der Erfahrung bei Google gemacht hat, sind das Entscheidende.*
>
> *Beispiel 2: Das Design deiner Präsentation sollte natürlich den aktuellen Trends entsprechen, aber eine Präsentation erreicht den WOW-Faktor nicht allein über ihre Design-Hülle. Der Themenkern ist das, was für deine Zielgruppe zählt.*
>
> *Beispiel 3: Ebenso wenig nützt dir das Blenden durch Besserwisserei. Aussagen wie „Facebook und Twitter können nicht, was wir können" schaffen kein Vertrauen in deine Präsentation und dich als Vortragenden, sondern rufen sofort Skepsis hervor. Die Wahrscheinlichkeit, dass Tech-Giganten mit Milliarden-Budgets ein Feature oder ein Business-Modell nicht umsetzen konnten – aber ein Start-up genau zu diesem Kunststück fähig ist –, ist in der realen Welt gering und deshalb erst einmal aus Sicht der Zielgruppe wohl zweifelhaft.*

Eine überzeugende – weil klare – Präsentation:

- verkürzt die Dauer deiner Präsentationen und kommuniziert gleichzeitig stärker die Botschaft, die du verbreiten willst,

- bleibt den Entscheidern eher im Kopf,
- aktiviert die Entscheider auf emotionale Weise, weil sie sich in deine Präsentation hineindenken und -fühlen können,
- gibt den Entscheidern zu verstehen: *„Wir müssen handeln, mit dem Status quo geht es nicht weiter!"* und
- führt eher zu Follow-up-Gesprächen, weil du bei deiner ersten Präsentation überzeugt hast und die Entscheider nun bereit sind, dir mehr von ihrer Zeit zu widmen.

2.1.3 Die Präsentation vermittelt Praxis und keine Theorie

> **Beispiel**
>
> *Eine Werbeagentur erwarb vor einigen Jahren auf einer Fachtagung einen Präsentations-Slot, um die eigene Reichweite zu vergrößern und um Neukunden anzuziehen. Die Teilnehmer der Veranstaltung lasen vorab diesen (hier aus verständlichen Gründen leicht abgeänderten) Titel: „Die fünf besten Storytelling-Tipps für das B2B-Marketing."*
>
> *Schon vor der Präsentation war klar: der Raum wird voll. Die Anwesenden wollten wissen: Wie kann ich meine komplexen Produkte besser mit den Tipps zum Storytelling verkaufen?*

Betrachte noch mal den Titel der Veranstaltung und stell dir selbst die Frage: Was würdest du von einer solchen Präsentation an genauen Inhalten erwarten? Wahrscheinlich doch Antworten auf Fragen wie diese:

- Aus welchen Teilen besteht eine Marketing-Story für den B2B-Markt und wie füge ich diese zusammen?
- Mit welchen einfachen Mitteln kann man Storytelling im B2B-Bereich umsetzen?
- Welche Hürden gibt es generell und im Speziellen bei Unternehmen und Branchen die sehr zahlen-, daten- und faktenlastig sind?

Wir meinen, diese Fragen sind berechtigt, denn sie zielen alle auf den praktischen Mehrwert ab. Eben darum geht es Entscheidern: Was ist der mess- und sichtbare Output einer Methode bzw. eines Produktes?

Der Vortrag war jedoch eine herbe Enttäuschung. Anstatt klar zu kommunizieren, was B2B-Storytelling für das Marketing genau ist und wie es anhand von Praxisbeispielen umgesetzt werden kann, hörte das Publikum Tipps zu den theoretischen Basics von Storytelling:

- Was ist die Definition einer Story (am Beispiel von Pixar-Geschichten, also nicht vermittelt durch Business-Stories),
- welche Symbolik steht hinter bestimmten Charakteren und
- wie erzählten Menschen in der Vergangenheit Märchen?

Was diese theoretischen Themen mit dem praktischen Alltag von Entscheidern aus den Bereichen Marketing und Vertrieb zu tun haben, erschloss sich nicht. Schlimmer noch: die Inhalte dieser Präsentation zum Storytelling sind zielgruppenfremd. Wer beispielsweise an Geschäftskunden Mobilfunkverträge verkauft, interessiert sich herzlich wenig für eine Geschichtsstunde zum Themen Märchen und wie diese zu Zeiten der Brüder Grimm vorgetragen wurden.

Diese dritte Anforderung an eine Präsentation, die Praxis zu verdeutlichen und nicht die Theorie darzustellen, hatte der Vortragende also sträflich missachtet – und die obige zweite Anforderung sogar obendrauf. Die Agentur war nicht in der Lage, die anwesenden Entscheider zu überzeugen, dass sie ihr Vertrauen wert wären. Weder wurde das konkrete Problem klar (warum dem Marketing ohne Storytelling etwas fehlt) noch die daraus resultierende Lösung oder der Fahrplan, wie ein Unternehmen Storytelling in der Praxis anwenden kann.

Mit Praxis überzeugen
Überzeugen heißt also auch: mit Praxis überzeugen. Die meisten Entscheider, vor denen du präsentieren wirst, sind keine Experten auf dem Gebiet deiner Expertise. Solltest du mit dem Einkäufer deines potenziellen Kunden sprechen, ist diese Person beispielsweise wahrscheinlich kein IT-Fachmann. Sei also unnachgiebig praktisch ausgerichtet in den Erklärungen deiner Präsentation, damit dein Gegenüber tatsächlich versteht, was für einen Nutzen deine IT-Lösung für das Unternehmen haben kann. Dasselbe gilt für deine Präsentation vor Investoren. Vielleicht hast du dein Unternehmen noch nicht an den Markt gebracht und hast –

außer vielleicht einen funktionierenden Prototypen – noch nichts „zum Zeigen". Verbleib auch hier nicht in deiner Expertenblase, sondern veranschauliche deine Lösung so, dass selbst ein kompletter Laie auf diesem Fachgebiet dir folgen kann. Bedenke: Investoren sind Experten, was den Return on Investment (ROI) anbelangt, nicht aber beispielsweise für Raketentechnik zum Bereinigen von Weltraummüll. Mach es deinem Publikum leicht, Vertrauen in dich zu fassen.

2.1.4 Die Präsentation besitzt eine klare Struktur

Du wirst dir denken: *„Die Struktur einer Präsentation für Kunden, Geschäftspartner und Investoren habe ich doch schon oben unter* Abschn. 2.1.2 *gelesen!"* Richtig, diese waren: Problem, Lösung, Implementierung, Vorteile und Kosten.

Warum du eine Struktur brauchst, weißt du mittlerweile ebenso aus diesem Buch: um deine Ansprechpartner zu überzeugen. Um genau zu sein, sollst du deine Zuhörer davon überzeugen, dass die derzeitige Art, etwas zu machen – ein Geschäftsprozess, ein technischer Ablauf oder ein Hobby für den Konsumentenmarkt –, fehlerhaft bzw. noch nicht gut genug ist. Und besser noch: du hast die Lösung parat für dieses Problem. Problem und Lösung – aus der Auflistung der Struktur oben sind diese beiden Themen die wichtigsten Punkte, von denen du dein Publikum überzeugen solltet.

Das Problem oder die Konsequenzen sind groß
Bedenke außerdem: das Problem, das du in deiner Präsentation ansprichst, ist entweder massiv an sich oder führt zu weitreichenden Konsequenzen.

> **Beispiel**
>
> *Ein Start-up bietet elektronische Preisschilder für den Einzelhandel von Schuhen an. Zunächst erscheint das Problem klein. Preisschilder aus Papier auszudrucken und unter dem richtigen Schuh am Regel zu platzieren, ist bestimmt mühsam für das Verkaufspersonal vor Ort, aber wohl nicht mehr als eine kleine, unangenehme Zusatzarbeit, oder? Tatsächlich bedeuten*

> elektronische Preisschilder einen massiven Unterschied für den Tagesablauf des Verkaufsteams, insbesondere bei Rabattaktionen, die im Schnitt dutzende Male pro Jahr anfallen. Bislang, also der Status quo, beginnt das Personal mit dem Ausdrucken und Etikettieren von Ware bereits Stunden vor Ladenbeginn. Auch nachdem die Verkäuferinnen den Laden öffnen, etikettieren sie den gesamten Tag über weiter, wozu auch das Hin- und Hertransportieren von reduzierter Ware gehört – vom Lager in den Verkaufsbereich. Das Verkaufspersonal ist mit dieser Aufgabe regelmäßig mehrere Tage beschäftigt, und das pro Rabattaktion!

Du bekommst beim Lesen dieser Zeilen ein erstes Gefühl dafür, welche Last an Aufgaben zusätzlich für das Personal anfällt, nur weil es mit Papier-Etiketten hantieren muss. Und wahrscheinlich hast du schon das nächste Problem in diesem System ausgemacht: wenn das Personal derart viel Zeit und Aufwand in diesen Prozess investiert, dann fehlt die Aufmerksamkeit an anderer Stelle: bei der Kundenberatung beispielsweise oder beim schnellen Bezahlen an der Kasse. Die Folgen sind ebenso klar: Kunden werden noch wahrscheinlicher online nach Schuhen shoppen – die häufig hervorgehobene Kundenberatung auf der Verkaufsfläche findet in diesem Beispiel ohnehin nicht statt – und etliche Kunden werden aufgrund langer Warteschlangen vom Kauf abgeschreckt.

Wenn das Problem bzw. die daraus abgeleiteten Konsequenzen groß sind und du die Gewichtigkeit des Problems auch klar kommunizieren kannst, dann funktioniert deine Struktur. Dann fühlen sich deine Hörer emotional angesprochen.

Oliver sagt

Warum mit dem Problem beginnen anstatt sich auf die Lösung konzentrieren? Weil „Angst funktioniert". Uns Menschen zieht ein Problem magisch an, denn wir fürchten, dass das Risiko dahinter auch für uns sehr schmerzvoll sein kann. Denk mal an politische Diskussionen in den sozialen Medien und dass Kommentatoren sich hauptsächlich an den Problemen des Themas emotional abarbeiten. Eine Lösung ohne Problem anzubieten, ist uns dagegen suspekt. Warum etwas Neues riskieren, wenn es uns bislang doch gut ging? Mit Angst in Präsentationen umgehen, erfordert zugleich Verantwortungsbewusstsein, wie der nächste Punkt zeigt.

Das Problem oder die Konsequenzen nicht übertreiben

Verfalle aber nicht in diesen einen Fehler: bausche das Problem, das du siehst, oder die Konsequenzen, die du aus dem Problem ableitest, nicht grundlos auf. Behalte stattdessen stets im Sinn, dass das Problem und die Lösung desselbigen die beiden wichtigsten Elemente deiner Struktur sind. Diese beiden Stützpfeiler, Problem und Lösung, solltest du also zu Beginn deiner Präsentation klar benennen und belegen, um dann zügig weiter in deiner Präsentation fortzufahren. Was du auf keinen Fall brauchst, ist eine Diskussion im Publikum über das Problem oder die Lösung, die du vorträgst. Sonst kommt deine Präsentation schon zu einem Halt, noch bevor du überhaupt Fahrt aufnehmen konntest.

Das Problem bzw. die Lösung, die du anbietest, sollten daher unwiderlegbar sein. Das schaffst du, indem du diese beiden Elemente der Präsentation in Argumente kleidest, denen man weder spontan noch nach Überlegen wirklich widersprechen kann.

> **Beispiel**
>
> *Ein Start-up pitchte seine Bildungsdienstleistung – ein Lernangebot für Schüler zusätzlich zum Unterrichtsstoff, basierend auf einer App bzw. Desktop-Lösung – vor Investoren, um eine Serie-A-Finanzierung zu erhalten. Das Problem drückte die Präsentatorin mit den Worten aus: „Das Problem im Bildungssystem besteht darin, dass an Schulen Wissen nur auf eine Weise gelehrt wird." Aus unserer Sicht lädt diese Beschreibung des behaupteten Problems zu aller Art von Kritik ein. So gibt es in Deutschland nicht „das Bildungssystem", sondern die Bundesländer regeln jeweils ihr eigenes System. Es sieht also in jedem Bundesland anders aus. Und das Vermitteln von Lerninhalten ist abhängig von der jeweiligen Lehrkraft. Manche Lehrer setzen auf praxisnahe Beispiele, um Inhalte zu vermitteln, andere Lehrer verteilen stattdessen ein Arbeitsblatt nach dem anderen und wieder andere haben ihren eigenen Weg, um eine Klasse an ihr Lernziel zu bringen. Diese Kritikpunkte an der Problembeschreibung der Vortragenden haben wir alle intuitiv verstanden, schon unser Gefühl sagt uns, dass bei diesem Pitch das Problem – zumindest in der dargestellten Form – nicht existiert.*

Was macht diese intuitiv in uns aufkommende Ablehnung mit der Präsentation des Start-ups? Das Vertrauen in die Unternehmensidee stirbt, noch bevor diese richtig kommuniziert werden kann. Wenn wir dem Start-up aus diesem Beispiel das Grundproblem schon nicht abkaufen, warum sollten wir dann plötzlich an der Lösung interessiert sein, die das junge Unternehmen anzubieten hat?

Die grundlegende Struktur einer Präsentation
Du siehst an diesem Beispiel sehr eindrücklich: deine Präsentation steht und fällt bereits mit der Problembeschreibung und dem damit verbundenen Lösungsangebot. Sei demnach klar und unbestreitbar in diesen beiden Elementen und bette Problem bzw. Lösung in eine ebenso klar verständliche Struktur. Diese sieht wie folgt aus:

- Einleitung
- Hauptteil
- Schluss

Was im ersten Moment völlig banal klingt, entpuppt sich bei genauem Hinsehen als Herausforderung. Denn viel zu oft erleben wir Präsentationen, die wie eine Art zäher Brei auf den Zuhörer zukommen. Schon nach wenigen Minuten kann man dem Inhalt nicht mehr folgen, Argument folgt auf buntes Bild, das Ende kommt überraschend, der Anfang kommt ohne zentrale Aussage bzw. mit einer Standarderöffnung und die einzelnen Inhalte sind nicht klar voneinander abgegrenzt.
Wenn du eine Präsentation planst, dann hat jedes der drei vorgenannten Teile eine klare Aufgabe:

- In der Einleitung wird klargemacht, worum es in der Präsentation geht. Das Ziel wird vorgestellt und die wichtigsten Aspekte, die zum Ziel hinführen, werden gezeigt. Der Ton wird gesetzt und der Zuschauer bekommt ein klares Bild von dem, was ihn erwartet.
- Im Hauptteil folgen die Argumente, die für das Ziel sprechen. Dabei muss ein eindeutiger, nachvollziehbarer Ablauf erkennbar sein. Zusätzlich muss beachtet werden, dass die Argumente pointiert vorgebracht werden. Informationen, die vielleicht „nice to have" sind, aber dem Ziel nicht dienen, haben in diesem Teil nichts verloren.
- Der Schluss ist der entscheidende Teil der Präsentation. Die Einleitung weckt Interesse, aber der Schluss bleibt im Kopf. Deshalb muss an

dieser Stelle eine klare Aussage kommen, was nun vom Zuschauer gewünscht ist. An dieser Stelle kommt es nicht auf ein inspirierendes Zitat an, dessen Bedeutung man dem Zuschauer überlässt. Vielmehr braucht es an dieser Stelle einen klaren Fokus, der dem Zuschauer keinen Interpretationsspielraum lässt.

Regelmäßig sehen wir Präsentationen von Start-ups, die zum Beispiel Kunden für ihre Produkt suchen. Wir können dann sogar erkennen, dass in diese Präsentationen oftmals viel Arbeit gesteckt wurde. Jedoch beginnt die Präsentation vielfach mit ... dem Logo des Unternehmens. Wie innovativ! Dann kommen Features über Features, dann ein paar Worte zu den Gründern und am Ende ein paar Kontaktdaten oder ein Motivationsspruch.

Wenn du eine Präsentation planst, dann überlege dir eine Art roten Faden, der durch die Präsentation führt. Achte darauf, dass der Zuhörer weiß, was ihn erwartet und dass er klar erkennen kann, an welchem Punkt der Präsentation du dich gerade befindest. Diese Art der Klarheit wird dir nicht nur bei der Vorbereitung einer Präsentation helfen, sondern dem Zuhörer zeigen, zu welchem Punkt er gerade Informationen bekommt.

> **Carsten sagt**
> Notiere dir die Inhalte und Elemente deiner Präsentation auf einem Zettel (ja, mit einem Stift auf einem Zettel) und schreibe dann auf, ob diese zur Einleitung, zum Hauptteil oder zum Schluss gehören sollen. Dann „klopfst" du die Inhalte und Elemente dahingehend ab, ob sie die Aufgaben von Einleitung, Hauptteil und Schluss unterstützen. Wenn das nicht der Fall ist, dann musst du dich fragen, welchen Sinn sie in deiner Präsentation haben.

2.1.5 Die Präsentation ist einfach zu verstehen

Denke an diesem Punkt wieder an den eindeutigen Praxisbezug deines Vortrages und die Tatsache, dass die Zuhörer regelmäßig keine Experten in deinem Fachgebiet sind.

> **Beispiel**
>
> *Beispiel 1: Als Uber 2008 das erste Mal vor Investoren pitchte, standen den Gründer nicht Veteranen der Taxi-Industrie gegenüber. Uber strich letztendlich 12 Millionen US-Dollar von der Wagniskapital-Beteiligungsgesellschaft „Benchmark Capital" ein, die in hunderte unterschiedliche Firmen investiert. Die themenfremden Partner dieser „Venture Capital"-Gesellschaft wollten demnach auf einfache Weise Bilder in den Kopf gesetzt bekommen, worin der riesige Nachteil der Taxi-Branche für Fahrgäste besteht und wie Uber dieses Problem löst. Und diese einzelnen Bilder konnten im Rahmen der Präsentation von den Zuhörern einfach nachvollzogen werden.*
>
> *Beispiel 2: Ein Start-up hat eine Verwaltungssoftware für Behörden programmiert. Diese Verwaltungssoftware stellt alle Wettbewerber in den Schatten, was Feature-Palette, User Experience und Kompatibilität mit anderen Programmen anbelangt. Die Verwaltung einer mittelgroßen Stadt nutzt diese Software schon. Nun soll die Software im Rahmen einer Konferenz vor staatlichen Entscheidungsträgern präsentiert werden. Wenn du zu Beginn deiner Präsentation die Problembeschreibung mit Begriffen wie UX oder „durchgängiger Workflow" zupflasterst, verlierst du augenblicklich das Interesse deiner Hörer. Beamte, in diesem Fall also deine Kunden, sind in den meisten Fällen keine IT-Experten. Die Begriffe werden ihnen wahrscheinlich kaum etwas sagen. Selbst wenn die Entscheider wissen, dass damit „User Experience" gemeint ist, bringt dir das nicht viel. In diesem Fall hast du allein ein Feature beschrieben (und bist dabei aber noch sehr vage geblieben).*

Features und Mehrwert

Insbesondere das Aufzählen von Features bedeutet jedoch noch nicht, dass dein Publikum ein klares Bild vom Vorteil deiner Lösung im Sinn hat. Uns erstaunt immer wieder, wie häufig Start-ups Features mit Mehrwert gleichsetzen. Diese Verbindung zwischen den beiden Dingen kannst du nicht ziehen, weil du zwei Sachen miteinander vergleichst, die nicht identisch sind. Features sind die Beschreibung eines Teils deines Produktes, z. B.: *„Die Datenbanken der Bürgerhäuser einzelner Stadtteile können zum ersten Mal miteinander vernetzt werden, selbst wenn einzelne Bürgerhäuser unterschiedliche Dateisysteme benutzen."* Dieses Feature mag toll sein, aber was bringt das der Stadtverwaltung bzw. ganz genau den Beamten oder Angestellten, die die Software in ihrem Arbeitsalltag benutzen müssen?

Hier liegt die Kernfrage, auf die du dich konzentrieren solltest: welchen messbaren Wert bringt das Feature den Nutzern? Das ist der Mehrwert und den solltest du – in einfachen, geistigen Bildern kommuniziert – in deiner Präsentation zeigen. Andersherum gesagt: lass die Features weg und behalte allein den plastischen Mehrwert, den du deiner Zielgruppe näherbringen möchtest.

Wenn es um die Schlichtheit der Aussagen in deiner Präsentation geht, behalte diese Eigenschaft auch für die weitere Struktur deiner Präsentation bei. Höre mit der verständlichen Sprache also nicht auf, sobald du deinen Hörern die Lösung präsentiert hast. Bleib als Vortragender auch dabei, wenn es um die Go-to-Market-Strategie geht oder um die Hürden, die es beim Markteintritt zu überwinden gilt, oder vor allem bei der Frage, wie du mit deinem Unternehmen ein Investment genau verwenden willst. Nicht nur Investoren sind sehr vorsichtig, ihr Geld nicht leichtsinnig zu verteilen. Mit einem klaren geistigen Bild im Kopf, was du, zusammen mit deinem Team, mit der Finanzierungshilfe zu tun gedenkst (und welchen Mehrwert – da haben wir ihn wieder – diese Finanzierung genau generieren soll), fließen die Investorengelder eher. Eine leicht verständliche Sprache, die sich selbst bei komplexen Themenfeldern durch deine Präsentation zieht, weckt das Vertrauen (da ist auch dieses Wort wieder), dass du brauchst, um bei deiner Zielgruppe dein Ziel zu erreichen.

> **Carsten sagt**
> Viele Gründer merken nicht, dass sie sich zu kompliziert ausdrücken. Das liegt leider auch an den Vorlagen, die man im Internet findet. Eine Präsentation jedoch, die einfach zu verstehen ist, wird sich allein schon deshalb von anderen Präsentationen abheben und so „punkten".

2.1.6 Die Präsentation lässt erkennen, was der relevante Markt ist

Eine gute Idee zu haben, ist schön. Etliche Menschen haben Ideen und sind davon überzeugt, dass sich ihre erdachte Innovation rasant verkaufen würde. Wenn du nach einem Geistesblitz aber den Mut hast zu sagen

„Aus dieser Idee machen wir ein Unternehmen!", dann brauchst du mehr als nur den Traum von einem neuen „Game Changer" wie dem iPhone oder einem Service wie Airbnb.

In diesem Fall brauchst du Fakten, insbesondere belastbare Zahlen und Argumente. Zahlen beispielsweise, die ausdrücken, welchen Anteil an einem von dir definierten Markt du in welcher Zeit erobern willst. In diesem Satz stecken gleich zwei Gefahrenquellen für deine Präsentation, wenn du dir zu diesen Themen keine Gedanken machst.

Welcher Markt soll bedient werden
Erstens geht es darum, welchen Markt du mit deinem Angebot bedienen willst. *"Jede Person, die gerne reist"* bzw. *"jeder Nutzer eines Smartphones"* sind als Antwort viel zu kurz gedacht. Es ist höchst fragwürdig, dass eine Smartphone-Lösung jeden Smartphone-Nutzer anspricht, vom Social-Media-begeisterten Teenie über den Manager bis hin zum Rentner, der sein Smartphone nur nutzt, um mit seinen Kindern in Kontakt zu bleiben. Ungenau definierte Märkte lassen vielmehr erkennen: Die Gründer haben sich keine Gedanken gemacht, wer ihr Angebot eigentlich benutzen soll.

Aber vielleicht denkst du dir: *"Das Produkt unseres Start-ups soll aber tatsächlich alle erreichen, so wie Facebook beispielsweise."* Skalieren ist das Wort, welches wir dir an dieser Stelle ans Herz legen wollen, soll heißen: erst beginnst du mit einem klar definierten Markt und erweiterst diesen dann später. Den Gedankengang hinter der Skalierung kannst du dir als „Proof of Concept" vorstellen: wenn du in deinem engen, aber dafür klar abgrenzbaren Markt Erfolg hast, dann besteht eine Wahrscheinlichkeit dafür, dass auch ein erweiterter oder anderer Markt erobert werden kann.

Lass dich von der Frage leiten, die du dann auch klar in deiner Präsentation ansprichst: für welche Ziel- bzw. Personengruppe löse ich eigentlich ein ganz konkretes Problem?

2 Präsentationen im Allgemeinen – Anforderungen und ...

> **Beispiel**
>
> *Beispiel 1: Wir lösen für die Lagerlogistik von Speditionen das Problem, wo sich welche Lademitteln (Europaletten, Container etc.) befinden. Lagerleiter bekommen digitale Echtzeitdaten über die Lademittel, und zwar nicht nur deren Ort, sondern auch beispielsweise deren Abnutzungszustand.*
> *Beispiel 2: Wir lösen für Industrieunternehmen das Problem sich ständig anpassender Qualitätsstandards, insbesondere im internationalen Kontext. Das Qualitätsmanagement von Unternehmen erhält durch unsere Lösung umfassenden Einblick in Qualitätstrends und kann sich daher schon heute entscheiden, auf die (internationalen) Standards der kommenden Jahre umzusteigen. Insbesondere Industrieunternehmen aus dem Mittelstand mit einem breiten Auslandsgeschäft profitieren von unserer Lösung.*

Du siehst also: eine überlegte Antwort auf die Frage nach deinem Target Market führt unausweichlich zu einer Segmentierung des Marktes. Du sprichst mit deinem Start-up also Unternehmen an, die A, B und C als Merkmale ihrer Geschäftsstrategie, in ihren Vertriebsprozessen etc. mitbringen. Dadurch zeigst du, dass du dir sehr genau überlegt hast, wie und aus welchem Grund du dich auf dem Markt bewegst. Das hat noch eine weitere Folge: Geschäftspartner, Investoren und Kunden gewinnen Vertrauen in die Professionalität deines Start-ups.

Aus Erfahrung wissen wir jedoch, dass sich Start-ups dennoch oftmals nicht mit einem einzigen Target Market zufriedengeben möchten. Das Ansprechen von zwei (oder mehr) Märkten ist verlockend. Du solltest aber bedenken: du und dein Team seid ein junges Unternehmen mit normalerweise begrenzten Ressourcen wie Geldmittel und „Manpower". Aufteilung von Ressourcen bedeutet, dass ihr eure Ressourcen übermäßig belastet. Konzentration von Ressourcen gibt euch Schlagkraft. Insbesondere in einer Präsentation willst du zeigen, dass ihr euch nicht übernehmt, sondern einen klaren Fokus habt.

Wie lautet die zweite Gefahrenquelle, von der wir vor ein paar Absätzen gesprochen haben? Diese betrifft den Anteil des von dir definierten Marktes, den du beabsichtigt für dich zu beanspruchen. Gründer machen hier immer wieder einen Fehler: es wird der Markt unreflektiert von oben nach unten betrachtet („Top Down").

> **Beispiel**
>
> „*Der weltweite Markt für Smartphone-Apps soll bis 2026 auf 278 Milliarden US-Dollar wachsen.*[1] *Selbst wenn wir nur 1 % dieses Marktes erobern, machen wir Summe x an Euro.*". Problematisch ist, dass hinter dieser Aussage kein vernünftiger Gedanke zum Zielmarkt steht. In diesem Beispiel wurde eine Zahl zur Marktgröße gegoogelt und sobald ein Wert gefunden wurde, der aus seriöser Quelle zu stammen scheint, wurde dieser in die Präsentation aufgenommen. Die Vertrauenswürdigkeit dieses Wertes, der für den Marktanteil deines Start-ups „kalkuliert" wurde, ist gleich null.

Der „Serviceable Available Market"

Spannend ist also nicht der „Total Available Market" („TAM"), also der Gesamtmarkt, sondern der „Serviceable Available Market" („SAM"). Mit anderen Worten: Wie groß ist der Markt, den du mit deinem Start-up erreichen kannst („give service to")? Einfach ausgedrückt, sagt du mit dieser Zahl: *„Wenn wir uns die Segmente eines Marktes anschauen, die wirklich ein Interesse an unserem Produkt\unserer Dienstleistung haben, dann beläuft sich die Gesamtsumme der möglichen Erlöse auf XYZ Euro."* „Interesse" bedeutet hier zweierlei: zum einen die Erlöse von Kunden, die einen tatsächlichen Sinn in deiner Leistung sehen. Zum anderen hat der Begriff aber auch einen geografischen Sinn. Es geht um die Interessenten, die du als Kunden auch erreichen kannst.

> **Beispiel**
>
> Angenommen, du gründest in Deutschland ein Start-up, das ein physikalisches Produkt in Europa anbieten soll. Wahrscheinlich gibt es auch Kunden in Nigeria oder Panama, die an deinem Erzeugnis interessiert sind. Diese Kunden zählen aber nicht zum SAM, da sie zwar grundlegend Interesse haben, aber nicht erreichbar für dein Produkt sind.

---

[1] Quelle: Marqual IT Solutions Pvt. Ltd (KBV Research), Global Mobile Application Market By Store Type (Apple, Android and Others), By Application (Gaming, Music & Entertainment, Health & Fitness, Social Networking, Retail & e-commerce and Others), By Region, Industry Analysis and Forecast, 2020–2026. Abgerufen von: https://www.researchandmarkets.com/reports/5214402/global-mobile-application-market-by-store-type. Zugegriffen am 25.01.2021.

Der „Serviceable Obtainable Market"

Und dann solltest du noch den „Serviceable Obtainable Market" („SOM") beachten. Der der oben genannte SAM ist gleichbedeutend mit 100 % der möglichen Kunden, die ein Interesse an deinem Angebot haben und die du auch erreichen kannst. Diese aber tatsächlich zu erreichen, ist unmöglich. Es gibt konkurrierende Angebote, Preisprobleme, begrenzte Reichweite von Marketingaktivitäten, Lieferengpässe etc. Der SOM wird also deutlich kleiner sein als der SAM, und dieser ist wiederum deutlich kleiner als der TAM.

Beginne deshalb deine Kalkulation mit dem SOM. Wenn du also mit deinem Team die Präsentation planst, dann gib Antworten auf die folgenden Fragen:

- Wen sprechen wir überhaupt in welchem Marktsegment an und wie groß ist dieses Segment in Bezug auf das Gesamtvolumen?
- Welche Werbemaßnahmen eignen sich für diese Zielgruppe und wie viel Prozent dieses Segmentes können wir mit diesen Maßnahmen und mit unseren Kapazitäten erreichen?
- Wie viele der erreichten Personen werden das Angebot nutzen und ist diese Anzahl an Nutzern mit unseren Kapazitäten vereinbar?
- Wie hoch wird dann der Erlös sein, mit dem wir realistisch pro Jahr rechnen können?

Das ist der Ansatz, den wir dir empfehlen und der in der Präsentation rüberkommen sollte. Wenn du so rechnest und bei deinen Rechnungen gewissenhaft kalkulierst, zeigst du den Zuhörern: ich weiß, worüber ich rede, und baue keine Luftschlösser. Dies führt zu mehr Vertrauen.

> **Carsten sagt**
>
> Dein Markt besteht niemals, und das muss man wiederholen, niemals aus jeder Person oder jedem Unternehmen. Es gibt nichts, was wirklich jeder gebrauchen und nutzen, geschweige denn kaufen würde. Deine Aufgabe ist es deshalb, dir genau klarzumachen, wen du mit deinem Angebot ansprichst. Und dies musst du dann in der Präsentation darstellen. Denn deine Zuhörer wissen auch, dass dein Angebot nicht für jeden sein kann. Spannend wird es also für sie sein zu hören, für wen dein Angebot interessant ist und insbesondere welche Gründe du dafür anführst.

2.1.7 Zusammenfassung

Diese sechs Punkte sind unsere Mindestanforderungen an eine Präsentation. Wir wollen es an dieser Stelle noch einmal betonen: immer wieder erleben wir, dass Gründer schon diese Punkte nicht oder nicht ausreichend beachten. Die Folgen sind meistens katastrophal, denn es fehlt der Präsentation dann an Struktur, an grundlegenden Inhalten und an einem erkennbaren Ziel, was die Gründer überhaupt wollen. In der Folge schalten die Zuhörer ab oder, noch schlimmer, die Gründer bleiben in schlechter Erinnerung. Sorge deshalb dafür, dass diese grundlegenden Elemente einer Präsentation bei dir vorhanden sind.

2.2 Erwartungshaltungen

Die vorgenannten Punkte sind in unseren Augen die Pflicht. Doch man kann immer noch mehr machen, die sogenannte Kür. Zu der kommen wir jetzt, und wir bezeichnen die Punkte, die in der Kür eine Rolle spielen, als „Erwartungen". Schaffst du es, diese Erwartungen zu befriedigen, bringst du deine Präsentation auf ein völlig neues Level.

Beachte: nur weil Erwartungshaltungen für uns keine absoluten „Must Haves" sind, bedeutet dies nicht, dass du über diesen Teil schnell drüber lesen solltest. Oftmals machen kleine Dinge, die den Inhalt deiner Präsentation betreffen, einen großen Unterschied.

2.2.1 Entscheider erwarten in der Präsentation etwas Neues

Entscheider wollen etwas hören, was sie über dich noch nicht exakt so aus anderer Quelle gelesen, gehört oder gesehen haben. Sie informieren sich vorab über das präsentierende Unternehmen. Sie wissen also schon ein wenig Bescheid. Diese Neugierde ist nur logisch: man selbst möchte nicht blind in das Gespräch oder in die Veranstaltung gehen. Diese Neugierde ist im digitalen Zeitalter auch schnell befriedigt: Wenige Tastenanschläge später befinden sich die Zuschauer der Präsentation schon auf deiner Website.

Vielleicht fragst du dich jetzt skeptisch, warum das schlecht wäre, wenn der Zuschauer schon heute sieht, was er morgen präsentiert bekommen wird. Die Antwort liegt in der Erwartungshaltung: als Zuhörer möchte ich das Gefühl haben, ich erlebe eine individuell auf meine Anforderungen zugeschnittene Präsentation. Ich will mich nicht fühlen, als ob ich einer von vielen bin, dem du und dein Team exakt dasselbe präsentierst. Es soll nicht der Gedanke aufkommen, dass du mit ein und derselben Präsentation von einer Vorstellung zur nächsten „tingelst" – mit minimalem Mehraufwand in der Vorbereitung für das jeweilige Treffen.

Zum anderen wäre die Zeit für deine Präsentation komplett verschwendet, wenn schon alle Inhalte im Vorfeld bekannt sind. Wozu Zeit in etwas investieren, wenn den Anwesenden sowieso schon klar ist, was kommt? Personen, die dir zuhören, haben dafür Aufwand betrieben. Vergeude nicht deren Zeit, sondern habe großen Respekt vor der Zeit, die dir gegeben wird, und fülle diese mit Inhalten, die die Teilnehmer nicht schon vorher gesehen haben.

Und vergiss am Ende nicht: Entscheider, die deine Präsentation vorab kennen, können sich auch vorab ein Urteil über dein Unternehmen und dein Angebot bilden. Du und dein Team beginnen bei der Präsentation daher nicht bei „Null", sondern du rennst im schlimmsten Fall einem argumentativen Rückstand hinterher.

Vermittle deiner Zielgruppe in jeder Präsentation deshalb etwas Besonderes – etwas, das deine Zuschauer noch aus keiner anderen Quelle kennen.

2.2.2 Entscheider erwarten alle relevanten Informationen

Um dieser Erwartungshaltung gerecht zu werden, ist Koordination in deinem Team erforderlich.

> **Beispiel**
>
> Nehmen wir dazu an, dass dein Marketing-Team die Präsentation hauptverantwortlich vorbereitet. Nehmen wir weiter an, dass sich dieses nun eng mit den Kollegen in der Produktion abspricht, immerhin kennen letztere das Problem und natürlich auch die Lösung (an der arbeiten sie ja tagtäglich) sowie die Reaktionen von Kunden, die die Lösung schon anwenden. Um zu zeigen, dass die Lösung bereits „Traction" (Zugkraft) bei bestehenden Kunden und Interessenten besitzt, sind diese Zusatzinformationen Gold wert.
>
> Was aber, wenn das Marketing-Team in seiner Vorbereitungsphase die Vertriebler nicht ebenso eng in die Vorbereitung der Präsentation einbindet? In der Regel hat der Vertrieb wesentlich mehr Kontakt mit Kunden als die Produktion und aus diesem Grund vielleicht genau die relevanten Einblicke in die Kundenbedürfnisse, die auch das Publikum der Präsentation hören und verstehen muss.

Überlege dir, was das für deine Präsentation bedeuten kann: du stehst als Präsentator vor den Zuhörern und du hörst eine kritische Nachfrage, die du nicht beantworten kannst – obwohl dieses Wissen in deinem Unternehmen vorhanden ist!

Verstehe eine Präsentation daher als Teamarbeit, in der alle Teammitglieder vorab mindestens gehört werden müssen, damit kein wichtiger Content für die Entscheider verloren geht.

2.2.3 Entscheider erwarten Zeit-Management

„Entschuldigen Sie, dass ich den zeitlichen Rahmen etwas gesprengt habe." Das hören Entscheider am Ende einer Präsentation häufiger; wir empfehlen dir, dass deine Zielgruppe diesen Satz besser nicht von dir hört.

> **Oliver sagt**
>
> Wenn du dich kurzfassen kannst, zeigst du: du hast dich eingehend mit dem Thema der Präsentation auseinandergesetzt. Die längsten Präsentationen, die wir erlebt haben, waren in der Regel auch die am schlechtesten vorbereiteten. Diese Beobachtung macht auch im Umkehrschluss Sinn: Je häufiger du eine Präsentation vorbereitet und gehalten hast, desto mehr Wege zum Präzisieren deines Inhalts sind dir in den Sinn gekommen. Fasse dich also kurz und gebe den Entscheidern dadurch auch zwischen den Zeilen zu verstehen: sie können Vertrauen in dich haben.

> **Carsten sagt**
> Wer nicht weiß, worüber er eigentlich sprechen soll, wird anfangen „zu labern". Dieses Phänomen ist überall zu beobachten. Wer dagegen genau weiß, welche „Message" er transportieren will, der wird sich auf diese fokussieren und nicht zu viel drum herum reden. Denn alles, was unnötigt zusätzlich gesagt wird, lenkt von der eigentlichen Message ab.

Wir haben es schon gesagt: die Zeit der Entscheider, die dir zuhören, ist wichtig und wertvoll. Es ist daher ein Privileg, wenn sie dir ihre Zeit opfern. Komm deshalb mit der Zeit aus, die dir für die Präsentation gegeben wird – seien dies zwei oder 20 Minuten. Individualisiere deshalb deine Präsentation anhand deines Ziels und fokussiere dich auf die Inhalte, die den Zuhörern wichtig sind. Widerstehe demnach auch der Versuchung zu überlegen: *„Wenn ich dem Produktleiter noch präsentiere, über welche Misserfolge wir auf den Weg zur Lösung gekommen sind, wäre das auch cool."* Mag sein, aber dieser Inhalt hat nichts mit deinem Fokus zu tun und dieser inhaltliche Abstecher frisst Zeit. Lass ihn also weg, vielleicht ergibt sich die Chance, mit dem Produktleiter nach der Präsentation noch über dieses Thema zu sprechen, wenn du glaubst, ihn interessieren diese Ausführungen.

Ein Wort an dieser Stelle zu den Inhalten, die den Fokus der Präsentation betreffen: sei auch an dieser Stelle kurz. In der Regel brauchst du deinem Publikum nicht jedes Detail des Themas zu erklären, die Verantwortlichen sind entweder selbst up-to-date, in ihrem Berufsleben so erfahren, dass sie sich zumindest ableiten können, was du genau meinst, oder es spielt für sie keine Rolle. Vermeide also, wie ein Wikipedia-Artikel zu klingen:

> **Beispiel**
> *Dazu müssen Sie wissen, dass der CEO XYZ früher – also von 2002 bis 2012 – Chef der Organisation ABC gewesen ist und uns gegenüber sagte (wir kennen ihn halt gut), dass das Problem DEF in der Antriebstechnik schon früher bestanden hat; insbesondere beim Automobilzulieferer GHI ist ihm das schon bei der Modelserie JKL aufgefallen.*

Du merkst: du frisst nicht nur Zeit mit diesem Buchstabensalat, sondern deine Zuhörer können sich nicht mehr darauf konzentrieren, was wichtig sein soll.

Und noch einen Punkt solltest du beachten: gehe immer davon aus, dass Zuhörer noch Fragen an dich haben. Gehe weiterhin davon aus, dass du kritische Fragen gestellt bekommst, aus denen sich ein Hin und Her an Antworten und Anschlussfragen ergibt. Plane dafür Zeit ein und verlasse dich nicht darauf, dass alle Fragen erst im Q&A-Teil der Präsentation gestellt werden (falls ein extra Zeitfenster hierfür eingerichtet wurde). Besprech dich darüber hinaus mit deinem Team, welche Fragen wohl kommen werden und vor allem wie du sie beantworten wirst. Je genauer du dich hier vorbereitest, desto besser hast du während deiner Präsentation Kontrolle über die Zeit. Wenn du spontan auf etwas Unvorbereitetes antworten sollst, besteht immer die Gefahr, dass du in einen Redeschwall gerätst, der dich Zeit kostet.

Zwei finale Tipps zum Thema Zeitmanagement. Entscheide im Voraus, welche Teile einer Präsentation du weglassen kannst, ohne dass deine Hörer merken, dass du inhaltlich eine Abkürzung gehst (weil du beispielsweise eine Slide sichtbar überspringst). Du baust mit dieser Strategie eine weitere Ebene an Kontrolle über die Zeit mit ein.

Und unterschreite die Zeit nicht, die deinem Start-up gegeben wurde. Fülle vielmehr die komplette Zeit mit interessanten Inhalten. Es zeigt deinen Respekt gegenüber den Vorgaben und es zeigt, dass du mit Zeit umgehen kannst. Wir haben es schon gesagt: die Beachtung des Faktors Zeit ist gegenüber deinen Zuhörern essenziell.

2.2.4 Entscheider erwarten, emotional angesprochen zu werden

Diese Erwartungshaltung scheint sich beim ersten Lesen mit deinen Erfahrungen zu beißen, die du wahrscheinlich im beruflichen Alltag machst: *„Wir sind Ingenieure, wir arbeiten mit Zahlen, Daten und Fakten."* Vielleicht kennst du diese Einstellung sogar direkt von dir selbst. Die Gefühlsebene ist viel zu stark von der einzelnen Person abhängig, die von der Präsentation angesprochen werden soll, und kann daher gar nicht in die Vorbereitung einer Präsentation einkalkuliert werden – so die Logik hinter diesem Argument.

Wir glauben, dass dies zu kurz gedacht ist: auch in ihrem beruflichen Tun lassen sich beispielsweise Ingenieure, Einkäufer und Produktleiter von ihren Emotionen lenken, so sehr sie es auch gewohnt sind, in rationalen Ideen zu denken.

> **Beispiel**
> *Stell dir den Geschäftsführer eines Tochterunternehmens vor, das im Bereich Logistik Produkte anbietet. Er muss rational denken. Denn einerseits erwartet der Mutterkonzern vom Geschäftsführer belastbare Wachstumsprognosen und -zahlen und andererseits ist die Logistikbranche an sich hochtechnisch. In diesem Berufsalltag ist wenig Platz für emotionale Argumente, so kann man meinen.*
> *Aber so ein Geschäftsführer ist auch ein Mensch. So ist er beispielsweise frustriert, weil in seinem Teilgebiet der Logistik digitale Innovationen keine Rolle spielen – insbesondere in den letzten fünf Jahren, in denen technische Neuerungen durchaus möglich wären, die aber aus falsch verstandenem Traditionsdenken vom Konzern bisher schlichtweg nicht angepackt wurden. Er weiß, dass digitale Prozesse besser laufen würden, aber die Hierarchie des Unternehmens sieht es anders, und daher krebst das Unternehmen seit einem halben Jahrzehnt unter seinen Möglichkeiten auf dem Markt herum. Diese „Tragödie" ist hochemotional.*

Halten wir also fest: Einstellungen von Entscheidern sind immer auch mit Emotionen verbunden. Das Emotionale bleibt also nicht daheim, sobald diese Person an einem Arbeitstag aus der Haustür tritt.

„Woher weiß ich aber, was eine Person emotional beschäftigt?" Während der Vorbereitung für deine Präsentation ergeben sich immer wieder Gelegenheiten, mit Entscheidern zu sprechen. Hier, in diesen Vorgesprächen also, liegt die Chance, deine Frage zu beantworten. Du kannst dann direkt ohne Umwege über deren Einstellungen zu einem bestimmten Themenbereich sprechen. Uns erstaunt immer wieder, wie selten Gründer die Gelegenheit wahrnehmen, Entscheider zu ihren persönlichen Eindrücken zu befragen. Als Antwort bekommen wir nicht selten, dass die Entscheider ohnehin kein offenes Feedback geben würden und stattdessen auf Plattitüden zurückgreifen. Das kann stimmen. Entscheider kennen dich nicht und werden dir daher nicht „einfach so" Interna aus dem Unternehmen verraten. Zugleich haben wir aber ebenso die Erfahrung gemacht, dass Entscheider eine Menge erzählen, wenn sie Vertrauen zu dir und deinem

Team gefasst haben, weil du echtes Interesse an deren Meinung gezeigt hast und nicht schon beim ersten Kontakt versuchst, den Leuten etwas aufzudrängen. Unser Tipp also: sprich die Leute im Vorgespräch auf ihre persönliche Meinung an und ebenso auf die Top-Themen der anderen Entscheider, die bei der Präsentation anwesend sein werden. Du kannst nur gewinnen: entweder bekommst du die Informationen, die du dir erhoffst, oder du verstehst – wenn du eine ausweichende Antwort bekommst –, dass jemand (noch) nicht wirklich an der Lösung deines Startups interessiert ist. Mit dieser wichtigen Information kannst du nun deine Präsentation besonders gut auf Schwachstellen abklopfen.

2.2.5 Entscheider erwarten ein professionelles Auftreten

Du musst dir eine Frage stellen: Ab wann sollten du und dein Team professionell auftreten, wann beginnt und endet tatsächlich eine Präsentation? Beginnt die Präsentation beim Gang auf die Bühne, beim Tritt durch die Tür zum Präsentationsraum? Endet die Präsentation mit dem letzten Satz aus deinem Mund auf der Bühne? Wir sind der Ansicht, dass die Präsentationssituation viel länger andauert.

Deine Präsentation beginnt mit der ersten Minute deiner Vorbereitung und endet, wenn du nach dem Ende der Präsentation auf dem Weg nach Hause bist – außerhalb der Sicht- und Hörweite jedes Teilnehmers. Sei professionell, sobald du das Gelände betrittst, auf dem du präsentierst, und sei ebenso professionell beim Get-Together nach der Präsentation. Vielen Gründern scheint das nicht klar zu sein. Wir sehen leider immer wieder Gründer, die:

- sich vor der Präsentation mit einer Bierflasche in der Hand zeigen,
- lauthals mit Leuten reden, unpassende Kommentare abgeben,
- sich „cool" anziehen anstatt dem Anlass angemessen,
- flirten,
- sich überheblich gegenüber Leuten zeigen, die „niedriger" in der Gruppe zu stehen scheinen,
- Selfies machen oder den Kopf im Smartphone vergraben haben oder
- sich generell benehmen, als befänden sie sich in einem privaten Umfeld anstatt bei einem wichtigen beruflichen Termin.

Wahrscheinlich wird dir nicht in den Sinn kommen, dich wie ein Elefant im Porzellanladen zu benehmen. Aber vielleicht passiert dir aus Nervosität etwas anderes: du gerätst in einen Redefluss und lässt einen Satz fallen, den du besser für dich behalten hättest. Oder du fühlst dich vor der Präsentation fehl am Platz (wahrscheinlich wirst du die wenigsten Leute vor Ort kennen) und vergräbst dich deshalb in dein Smartphone. Verständlich in einer stresshaften Situation wie dieser. Trotzdem wirken diese Dinge so, als nimmst du die Situation nicht wirklich ernst. Und auch wenn du glaubst, dass diese Verhaltensweisen keinen Unterschied in den Augen der Entscheider machen, so können wir dir aus unserer Erfahrung mitgeben: diese Dinge machen sehr wohl einen Unterschied! Wahrscheinlich werden dich Entscheider nicht direkt darauf ansprechen, vielleicht werden Entscheider diese Verhaltensweisen selbst nur unbewusst wahrnehmen, aber die Wahrnehmung deines Start-ups wird durch solche Dinge trotzdem (negativ) gefärbt.

Seid als Team also durch die Bank weg professionell, in jeder Situation, in der ihr mit Entscheidern in irgendeiner Weise in Kontakt kommt. Die Zeit zum „Gehen lassen" darf kommen, sobald ihr wieder unter euch seid.

2.2.6 Entscheider erwarten eine Präsentation

Dies ist die letzte Erwartungshaltung, die wir besprechen wollen, aber sie ist unserer Meinung nach die Grundlage einer jeden Präsentation: du solltest wissen, wie du im Rahmen einer Präsentation auftrittst. Vier Punkte wollen wir dir mitgeben, die du beachten solltest, damit deine Präsentation, in Kombination mit dem Inhalt, einen guten Eindruck hinterlässt.

> **Carsten sagt**
> Es gibt einen Grund, warum gute Redner gut sind. Sie wissen nicht nur, worüber sie reden, sondern sie wissen auch, wie sie im Rahmen einer Präsentation wirken. Gute Redner trainieren nicht nur ihre Inhalte, sondern auch Körpersprache, Bühnenpräsenz, Rhetorik, etc.

Der Beginn
Beginne deine Präsentation, indem du dich gut sichtbar vor dein Publikum stellst, mit deinem Blick den Raum adressierst und dann – sobald du die Aufmerksamkeit des Publikums hast – mit ruhiger, aber dynamischer Stimme deine ersten Worte sprichst. Nicht selten erleben wir das Gegenteil: Gründer treten hektisch auf die Bühne und beginnen ihre Präsentation mit einer Wortsalve. Hole dir erst die Aufmerksamkeit deiner Zuhörer und gib ihnen so das Gefühl, dass du Herr der Lage bist.

Und noch ein Tipp: Beginne nicht mit einer Entschuldigung (z. B. dass du heute keine Stimme hast oder die Technik nicht richtig funktioniert). Du stehst auf der Bühne und dafür gibt es einen Grund. Übernimm dafür Verantwortung.

> **Oliver sagt**
> Präge dir die ersten Sätze deiner Präsentation besonders gut ein, vom Inhalt her und von der Art, wie du sie rüberbringen willst. Das Einüben dieser ersten wichtigen Sekunden deiner Präsentation verschafft dir eine Menge an Sicherheit. Erstaunlich oft erleben wir, wie Start-ups sich intensiv auf den Mittelteil einer Präsentation vorbereiten und den Beginn ihres Vortrages eher beiläufig einüben. Im Ergebnis verhunzen Start-ups dann den Start in ihre Präsentation und bis die Vortragenden dann zum Mittelteil gelangen, den sie gut eingeübt haben, ist das Vertrauen der Entscheider in das Start-up bereits verloren gegangen.

Der Ort, an dem du stehst
Eine Schauspielweisheit besagt: je näher du – räumlich gesehen – deinem Publikum bist, desto wichtiger ist der Charakter, den du spielst, und die Szene, die du für das Publikum spielst. Als Präsentator bist du die wichtigste Bezugsperson für dein Publikum und zeigst zugleich den wichtigsten Inhalt. Dein Platz ist daher weit vorne auf der Bühne. Verstecke dich also nicht irgendwo hinten. In den Köpfen der Zuschauer wirkst du dadurch automatisch schüchtern, oder schlimmer noch: unehrlich. Die Steigerung davon ist übrigens das Verstecken hinter einem Tisch oder einem Laptop.

Und noch etwas: platziere dich außerdem so, dass dein Publikum immer noch freies Sichtfeld auf die Leinwand hat, um deine Präsentations-Slides sehen zu können.

Die Körpersprache

Deine Körpersprache drückt deine mentale Grundhaltung aus, und diese sollte sein: happy, healthy und sexy.

- Happy: Du sagst dir: *„Ich habe Lust, hier zu stehen und zu präsentieren."*. Mit ein bisschen Übung führt das zu einem echten Lächeln, dein Rumpf und deine Hände zeigen offene Gesten und du hörst deinem Publikum bei Fragen mit echtem Interesse zu. Du vermeidest mit dieser Grundeinstellung, ein Gesicht zu ziehen, das sieben Tage Regen erlebt hat. Kein Mensch will beruflich mit jemandem zu tun haben, den man bereits in den ersten Sekunden in die Unsympathen-Schublade verfrachtet.
- Healthy: In diesem Fall sagst du dir: *„Ich bin hier, um zu helfen."* In diesem Mindset hörst du dir beim Reden beständig selbst zu und überlegst: *„Wie kann ich das spontan noch besser beschreiben?"* Bei Fragen hörst du nicht nur zu, sondern hakst nach. Der Grund: du willst doch helfen! Du zeigst auch keine Angst, wenn du merkst: *„Ich glaube, ich habe mein Publikum abgehängt."* Du willst, dass die Leute verstehen, daher machst du einen Stopp und wiederholst gerne einen bereits erklärten Punkt. „Unhealthy" erkennst du daran, dass du denkst: *„Die Leute hier kapieren einfach nicht, was ich will! Wie häufig soll ich es denen noch sagen?"* In dieser Sinneshaltung rast du durch die Präsentation, achtest nicht darauf, ob dein Publikum dir folgt, und im schlimmsten Fall würgst du Fragen ab oder rollst mit den Augen, wenn dir etwas „dumm" vorkommt. Vermeide es sehr genau, diese Haltungen zu zeigen, denn wenn dein Publikum diese Einstellung an dir merkt, wird es dich mit dem Schnippen eines Fingers abschreiben.
- Sexy: Hier meinen wir nicht, dass du dein attraktivstes Teammitglied als Redner oder Rednerin nach vorne schicken sollst, um Bonus-Punkte zu sammeln. Wir meinen hier die Grundhaltung: *„Ich lege eine unübersehbare Passion für mein Tun an den Tag."* Deine Zuhörer sollen erleben, wie du für dein Start-up, für dein Produkt oder deine Dienstleistung und für Unternehmertum an sich brennst.

Die Stimme

Wir Menschen merken an der Stimme eines anderen, ob diese Person nervös ist oder nicht. Anzeichen sind das Tempo, eine erzwungen wirkende Emotion in den Worten oder das leichte, kaum hörbare Stottern bei längeren Sätzen oder schwierigen Wörtern. Ruhe in der Stimme und eine „warme" Tonlage und Akzentuierung machen dagegen einen positiven Eindruck auf Zuhörer. Weil die Art, wie etwas gesagt wird, regelmäßig wichtiger ist als der Inhalt, empfehlen wir dir, deine Stimme zu trainieren. Eine Möglichkeit ist das Suchen eines Vorbildes, welches man genau studiert (denke zum Beispiel an YouTube-Videos) und versucht nachzuahmen. Dies kostet dich aber wahrscheinlich viel Zeit und birgt das Risiko, dass du deine Defizite nicht ausreichend erkennst. Besser ist es deshalb unserer Meinung nach, mit einem Trainer zu üben, da dieser auf dich und deine individuelle Stimmlage eingehen kann.

2.2.7 Zusammenfassung

Wir müssen es an dieser Stelle noch einmal deutlich sagen: Mach deine Hausaufgaben, bevor du dich mit speziellen Präsentationssituationen beschäftigst. Die vorgenannten 12 Punkte, sechs Anforderungen und sechs Erwartungshaltungen, stellen unserer Meinung nach die absoluten Grundlagen für jede Präsentation dar. Es macht keinen Sinn, sich mit speziellen Situationen zu beschäftigen, wenn diese Grundlagen nicht beherrscht werden. Auf der anderen Seite hat das Beherrschen dieser Grundlagen auch einen positiven Nebeneffekt: du nutzt deine Zeit extrem sinnvoll, da du so jede Präsentation verbessern wirst. Im Endeffekt bieten wir dir eine Blaupause an, die du für jede kommende Präsentationssituation anwenden kannst. Die Zeit, die du vielleicht bisher darin investiert hast, jede neue Präsentation von Grund auf neu zu denken, sparst du dir mit diesem Kapitel. Erfinde das Rad für deine Präsentation also nicht wiederkehrend neu, sondern werde fit für die inneren Mechanismen einer jeden Präsentation.

Hast du nun die Grundlagen verinnerlicht, dann wird es Zeit für die speziellen Präsentationssituationen, in denen sich Gründer wiederfinden können. Insbesondere Präsentationen für Kunden, vor Geschäftspartnern und Investoren stellen besondere Herausforderungen an die präsentierenden Gründer. Deshalb wollen wir auf diese Situationen nun im Besonderen eingehen.

2.3 Ergänzende Materialien

Bevor wir aber zu diesen Situationen kommen, haben wir noch etwas für dich vorbereitet. Gehe am besten gleich mal auf die Webseite www.pitchperfekt.de, die wir für dieses Buch angelegt haben. Dort findest du viele Materialien, die dieses Buch ergänzen, wie Vorlagen und Checklisten zum Download, Videos mit ergänzenden Hinweisen zu den Themen in diesem Buch sowie Bonusmaterial. Während du dir dieses Material in Ruhe anschaust, warten wir hier auf dich.

Literatur

Dollar Shave Club. (2012). DollarShaveClub.com – Our blades are f***ing great. https://www.youtube.com/watch?v=ZUG9qYTJMsI. Zugegriffen am 25.01.2021.

Schroter, J. (2011). Steve Jobs introduces the iPhone in 2007. https://www.youtube.com/watch?v=MnrJzXM7a6o. Zugegriffen am 25.01.2021.

3

Präsentationen für Kunden

Kunden sind offensichtlich für dich und dein Unternehmen essenziell: sie sind Interessenten, Käufer und sprechen letztendlich positiv über dein Unternehmen und dein Angebot, sind also für dich eine Art Botschafter. Ohne Kunden verschwindet dein Unternehmen vom Markt. Schauen wir uns also an, was zu beachten ist, wenn du ihnen dein Angebot präsentierst.

An dieser Stelle noch ein Hinweis zum besseren Verständnis: Während wir bei Präsentationen vor Geschäftspartnern und Investoren eher von einer „formalen" Präsentationssituation ausgehen, du dich also vor deinen Zuhörern befindest, kann eine Präsentation gegenüber Kunden natürlich auch ein Werbefilm bzw. Werbespot auf YouTube oder Spotify sein. Denke hier besonders an den B2C-Bereich, also den Konsumentenmarkt. Die nachfolgenden Ausführungen gelten jedoch grundsätzlich für jede Art der Präsentation gegenüber Kunden, unabhängig von der Form.

3.1 Das Ziel der Präsentation

Was ist das Ziel einer Präsentation für Kunden? Wir glauben, dass unter Gründern ein weit verbreiteter Irrtum besteht, nämlich zu glauben, dass das Ziel einer Präsentation im Drängen auf einen Vertragsabschluss oder auf einen Kauf besteht.

B2C-Bereich
So schnell geht es in unseren Augen aber nicht, selbst im B2C-Bereich (also im Bereich der Konsumgüter), in dem die Zeit bis zum Kauf erheblich kürzer ist als im B2B-Bereich („Business to Business").

Vielleicht bist du skeptisch, was unsere B2C-Argumentation anbelangt. Denke aber einmal an die Plattform „Steam", über die Gamer nahezu jedes Spiel (ob von einem großen Entwickler-Studio oder von einem Independent Publisher) digital kaufen können. Stelle dir vor, du klickst auf der „Steam"-Plattform auf ein Spiel, das dich interessiert: wirst du nun sofort mit Handlungsaufforderungen bombardiert, die dir sagen *„Kauf dir diesen Titel, so schnell es geht!"*? Eindeutig nein. Der Kaufen-Button ist gar nicht immer sichtbar (abhängig von der Fenster-Größe). Was du stattdessen siehst, ist ein automatisch abspielendes Video zum Spiel, rechts daneben folgt eine Beschreibung und darunter kannst du erste Eindrücke der Gamer-Community lesen. Beim ersten Eindruck des Spiels liegt der Fokus also auf mehreren Dingen, aber keines davon hat direkt mit dem Kauf des Titels zu tun. Behalte diesen Gedanken im Hinterkopf – die Antwort auf die Frage, warum das so ist, folgt gleich.

B2B-Bereich
Kommen wir nun zum B2B-Bereich. Hier führt ein Drängen auf den Vertriebsabschluss im Verlauf der Präsentation vor Entscheidern – also das sogenannte „Hard Selling" – u. a. zu der Art Präsentationen, die die Verantwortlichen in einem Unternehmen satthaben, denn:

- In der Präsentation wird das Produkt in schillernden Superlativen beworben und es wird nicht auf die individuelle Ist-Situation des

Unternehmens eingegangen. Versuche mal, für dich selbst zu überschlagen, wie häufig du von einem Produkt oder einer Dienstleistung gehört hast, die einen Markt „revolutionieren" wird.
- Eine „Hard Selling"-Präsentation ist in der Regel außerdem eine 08/15-Zusammenstellung für den Vertrieb, die möglichst viele Kunden zugleich ansprechen soll. Präsentationen verkommen in diesem Szenario zur Massenware, die zugleich alle Zielgruppen ansprechen soll.
- Während der „Hard Selling"-Präsentation stellt der Präsentator mehrfach Fragen, die im Unternehmensvertreter das unangenehme Gefühl aufkommen lassen, hier zu einer Entscheidung gezwungen zu werden: *„Finden Sie nicht auch, dass sich Ihre Leute im Innendienst eine Menge Arbeit sparen könnten, wenn sie endlich ein cloudbasiertes CRM-System[1] hätten?"*. Leider geben Kunden viel zu häufig Signale, die den Präsentator denken lassen: *„Super, eine harte Schiene in der Präsentation zu fahren, funktioniert tatsächlich!"* Beispielsweise danken Unternehmensvertreter aus sozialer Höflichkeit dem Vortragenden und versprechen, das Angebot (das der Präsentation innewohnt) intern nun weiter zu besprechen. Aus unserer Erfahrung können wir dir aber schreiben, dass diese Art von Präsentationen nicht funktioniert, denn: Der mögliche Neukunde meldet sich nach der Präsentation einfach nicht. In etlichen Fällen bleibt dieser Kontakt dann für etliche Monate in der Vertriebs-Pipeline stecken, da der Verkaufsprozess nicht weiter vorangetrieben wird.
- Die versprochenen Antworten des Kunden bezüglich weiterer Schritte lassen selbst dann auf sich warten, wenn ein Start-up Eigeninitiative zeigt und nachhakt. Entweder reagiert das Unternehmen gar nicht mehr oder eine Assistenz vertröstet das junge Unternehmen auf einen unbestimmten, zukünftigen Zeitpunkt.

Du siehst, dass Kunden „Hard Sellern" in der Realität auf mehr als eine Weise zu verstehen geben, dass ihre Präsentation ein Reinfall war – ohne darüber direkte Worte zu verlieren. Interessanterweise stellen wir

---

[1] CRM = Customer Relationship Management. Eine Software, in der jeder Kontakt mit einem Kunden und jede relevante Information aus einem Kundengespräch gespeichert wird.

selbst noch an diesem Punkt fest, dass Start-ups (wie auch Unternehmen anderer Größe) sich dann einem tröstenden Gedanken hingeben: *„Immerhin füllt dieser Kontakt weiter die Pipeline des Vertriebsteams. Das sieht für Investoren und andere Gruppen als Kennzahl auf den ersten Blick gut aus."*

Ein finaler Gedanke zu Präsentationen für B2B-Kunden: für dein Start-up macht es schon deshalb keinen Sinn, während der Präsentation vor Kunden auf einen Vertragsabschluss zu drängen, weil im B2B-Geschäft regelmäßig sowieso nicht beim ersten Kontakt über eine Zusammenarbeit entschieden wird. Präsentationen in diesem beruflichen Umfeld durchlaufen immerhin mehrere interne Schleifen, bis die komplette Gruppe an Entscheidern zu einer Entscheidung bereit ist. Bei deiner ersten Präsentation sprichst du beispielsweise erst mit einem internen Influencer, also mit einer Person, die innerhalb des Kundenunternehmens von der Lösung eures Start-ups angetan ist. Im Anschluss folgt in den meisten Fällen eine Präsentation vor einer spezifischen Abteilung, die mit deiner Lösung hauptsächlich arbeiten soll, wie beispielsweise das Marketing oder der Vertrieb. Bei Erfolg präsentierst du mit deinem Team abschließend vor Entscheidern des Top-Managements, in der Regel auch direkt vor dem Geschäftsführer. Und selbst am Ende dieser Präsentation bietet es sich nicht an, direkt zur Gelegenheit des Vortrages auf einen Vertragsabschluss zu drängen. In der Regel berät die Geschäftsleitung dieses finale Meeting zunächst ebenso mit den weiteren internen Anwesenden.

Zum nächsten Schritt kommen
Kommen wir also zurück zur Eingangsfrage: was ist also das Ziel einer Präsentation vor Kunden, wenn nicht das Drängen auf einen sofortigen Vertragsabschluss? Unsere Antwort lautet: das Ziel einer Präsentation ist es, das Okay für den nächsten Schritt zu erhalten. So einfach erscheint dieser Tipp – fast schon zu einfach – und doch ist er so wichtig.

Gehen wir erst wieder zum B2C-Bereich und schauen uns an, wie in diesem Kontext ein nächster Schritt aussehen kann – gehen wir zurück zu unserem Beispiel mit der Gamer-Plattform „Steam". Die ersten Dinge, die dir Steam beim Klick auf einen für dich interessanten Spiele-Titel zeigt, dienen der Vertrauensbildung. Du sollst dir denken: *„Erst das Video,* *dann die Beschreibung und danach die Bewertungen der Community steigern jeweils mein Vertrauen, dass das Game gut ist."* Das ist also der nächste Schritt nach dem Klick: Vertrauen bilden, dass der Interessent eine gute Entscheidung bei einem Kauf trifft. Selbst nachdem du dieses Basis-Vertrauen gewonnen hast, gibt dir die Plattform noch mehr Gründe, Vertrauen in das Spiel zu haben (wirf am besten selbst einen Blick auf den Aufbau der Plattform) und erst dann kommt der Call-to-Action, also die Handlungsaufforderung zum Kauf. Und selbst an diesem Punkt drängt dich die Plattform nicht. Der Kauf-Button ist nicht mehr als ein kleiner, grüner Balken. Beinahe unauffällig, garantiert nicht dominant. Du siehst: auch im B2C-Bereich brauchst du kein all-dominierendes „Schreien" nach dem Kauf.

Und wie sieht es im B2B-Bereich aus? Habe diesbezüglich im Auge, dass dein Ziel bei einer Präsentation vor Geschäftskunden zwei Strategien umfasst. Zunächst die offenkundige Strategie: du besprichst im Team erst einmal, auf welches erste Okay ihr überhaupt hinarbeiten wollt.

- Willst du darauf hinarbeiten, dass dein Erstkontakt dir ein Feedback zum Produkt gibt?
- Willst du darauf hinarbeiten, dass dein Erstkontakt dir nach der ersten Präsentation die Tür zu weiteren Entscheidern aufmacht?
- Willst du darauf hinarbeiten, dass schon bei der ersten Präsentation mehrere Entscheider anwesend sein sollen?
- Willst du darauf hinarbeiten, dass sich dein Erstkontakt dazu verpflichtet, den Geschäftsführer nach der Präsentation mit in die weitere Konsultation einzubeziehen?

Ziele und Zwischenziele
Wichtig ist, was wir dir im vorangegangenen Kapitel schon mitgegeben haben: Setze dir bereits zu Beginn des Kontaktes mit den möglichen Kunden ein Ziel – genau genommen sogar mehrere Ziele: einmal ein nächstes Ziel und dann ein Gesamtziel.

Du merkst also: insbesondere das B2B-, aber auch das B2C-Geschäft ist ein Marathon und kein Sprint, und wie bei einem Marathon gibt es mehrere Meilensteine, die du zu erreichen hast. Im Unterschied zu einem Marathon sind diese Meilensteine aber nicht immer eindeutig. Du und dein Team seid dafür verantwortlich zu entscheiden, zu welchem Ziel ihr im Endeffekt kommen wollt und welche Zwischenziele ihr auf diesem Weg erreichen müsst. Die Planung dieser Ziele und des Wegs, diese zu erreichen, sind außerordentlich wichtig.

Fokus auf das Ziel
Denn die zweite Strategie für das Einholen des Okay für den nächsten Schritt lautet: arbeite in deiner Vorbereitung fokussiert auf dieses Ziel hin. Fokus bedeutet, dass du vom Ende her (vom Ziel gesehen also) rückwärts deine Präsentation vorbereitest. Welche Inhalte der Präsentation müssen also wie aufbereitet sein, damit du am Ende deiner Vorstellung genau an diesem Ziel rauskommst (zum Beispiel: mit dem Geschäftsführer weiter zu verhandeln)? Sei dabei so strikt wie möglich, versuche also nicht, inhaltliche Nebenschauplätze zu etablieren, weil es auch toll wäre, diese Idee noch zu präsentieren oder jenen Inhalt noch aus einer anderen Perspektive zu betrachten. Fokussiere dich auf das eine Ziel. Alle Themen und Elemente einer Präsentation, die nicht – im wahrsten Sinne des Wortes – „zielführend" sind, wirfst du aus der Präsentation raus.

Wenn du dein erstes Ziel erreicht hast, beginne sofort mit der Planung für das Erreichen des nächsten Ziels auf der Liste deiner definierten Meilensteine. Welches Okay willst du dir von den Entscheidern nun abholen und zu welchem Meilenstein führt dich dieses erneute Okay? Gehe dazu gerne auch wieder in den Kontakt mit den Entscheidern des Unternehmens und frage nach, welche Anforderungen und Erwartungshaltungen diese Menschen an die nun anstehende, zweite Präsentation haben und fokussiere dich mit deinem Team erneut ausschließlich auf dieses neue Ziel. Mit dieser Strategie gehst du mit deinem Team von Präsentation zu Präsentation durch jeweils eine „Tür" – symbolisch verstanden –, bis du vor dem finalen Entscheider-Gremium präsentieren und nach diesem Termin hoffentlich den verdienten Vertragsabschluss feiern kannst.

3.2 Erwartungshaltungen von Kunden

Was erwarten nun Kunden von einer Präsentation? Werfen wir zuerst einen Blick auf den B2B-Markt: Wir glauben, dass viele junge Unternehmen irrig annehmen, dass die Entscheider in einem Unternehmen an einer funktionierenden Lösung interessiert sind.

Klingt das verrückt? Stell dir einfach mal folgende Frage: Was bringt einem Unternehmen eine Lösung (die du in deiner Präsentation anbietest), wenn diese Lösung nicht auf der Prioritätenliste der Firma steht? Wenig, denn für Probleme von minderer Wichtigkeit werden Unternehmen weder Zeit noch Personal oder Budget zur Verfügung stellen, unabhängig davon wie überzeugend du mit deiner Lösung bist.

Beispiel Teil I

Du präsentierst mit deinem Team ein Produkt im Bereich Cloud-Computing und du stellst deine Lösung im Licht der Prozessverkürzung dar: mehrere Abteilungen können untereinander, auch an verschiedenen Standorten, nun schneller miteinander unternehmensrelevante Daten austauschen. Selbst eine Schnittstelle für externe Partner ist in dieser zeitsparenden Lösung mit inbegriffen.

Unterstellen wir sogar, dass dein Produkt im operativen Alltag eines Unternehmens wirklich Zeit einspart. In diesem Fall bietet dein Start-up dem potenziellen Neukunden ohne Zweifel eine Lösung an, oder? Nun, in unserem Beispiel interessiert sich die Firma beim Thema Cloud-Computing aber nicht für Prozessverkürzungen, sondern für das Thema Digital Compliance Management. In diesem Fall unterscheidet sich die Erwartungshaltung des Kunden an deine Präsentation deutlich von dem, was du dem Kunden tatsächlich präsentieren willst. In diesem Szenario drohst du mit deinem Team bereits an der ersten symbolischen Tür stehenzubleiben, ohne dir das ersehnte Okay vom Entscheider abzuholen.

Was aber passiert, wenn du und dein Team bei der Präsentation genau den Aspekt ansprichst, der den Kunden innerhalb eines Themas aktuell interessiert? Dann ist Grund zur Freude angesagt, oder? Der Weg zum nächsten Meilenstein – sogar gleich zum finalen Ziel des Vertrags-

abschlusses – scheint dann frei von jedem Stolperstein, oder? So einfach ist das natürlich nicht – und das liegt nicht nur daran, dass dein Produkt bzw. deine Dienstleistung noch überzeugen muss.
Kehren wir zur Erläuterung zu unserem obigen Beispiel zurück.

> **Beispiel Teil II**
> *Stell dir dazu vor, der potenzielle Kunde hat seit den 1990er-Jahren eine höchst heterogene IT-Landschaft aufgebaut: unterschiedliche Standorte des Unternehmens nutzen also unterschiedliche Software; manche Programme wurden seit Jahrzehnten nicht erneuert, manche hingegen schon, und dieser Mischmasch an IT wurde noch durch Akquisitionen weiter vermengt. Es ist ein digitales Chaos, das von den IT-Verantwortlichen schwer zu warten und noch schwerer miteinander zu verbinden ist. Die Konsequenzen spielen sich bestimmt schon vor deinem geistigen Auge ab: (große) Teile der Datensysteme des Unternehmens können nicht miteinander kommunizieren, Zeit wird für Nachbesserungen verschwendet, Datensätze gehen sogar verloren.*
> *Der Konzern ist angesichts dieser Entwicklung in der IT zunehmend frustriert. Für dich eine perfekte Gelegenheit, denn du hast eine Lösung – eine Software, die Datenströme aus dem gesamten internen Netz des Unternehmens anzapfen und auf Wunsch visuell leicht verständlich aufbereiten kann. Der Nutzer kann sogar bis ins Detail auswählen, welche Daten verarbeitet werden sollen und die IT-Systemlandschaft kann trotzdem exakt so heterogen bleiben, wie sie aktuell ist.*
> *Diese Lösung ist deiner Meinung nach ein Geschenk für diesen geplagten Konzern. Nur wenige Tage nach deiner Präsentation kommt aber die Rückmeldung: kein Interesse. Die Begründung: das Anzapfen der IT-Systemlandschaft erfolgt mit der Software derart transparent, dass eine breite Anzahl an Nutzern quasi unbeschränkten Zugriff auf interne Zahlen, Daten und Fakten erhält. Das ist von der Unternehmensleitung nicht gewünscht, denn richtungsweisende Entscheidungen des mittleren und oberen Managements böten dann jedes Mal aufs Neue eine breite Angriffsfläche, da die Faktenlage intern fast jedem Mitarbeiter bis hin zum Abteilungsleiter für eine eigene Interpretation zugänglich wäre.*

Die Lösung muss zum Bedarf passen
Das Learning aus diesen Beispielen soll lauten: Interessenten suchen nicht allgemein nach einer Lösung, die funktioniert, sondern nach einer an ihrem Bedarf ausgerichteten Lösung. Diesen kleinen, aber sehr wichtigen Unterschied solltest du bei jeder Präsentation im Kopf haben. Du änderst mit deiner Lösung den Status quo in einem Unternehmen, also

die Weise, wie dort gearbeitet wird. Diese Veränderung des Status quo hat Konsequenzen und natürlich bist du darauf aus, möglichst viele positive Konsequenzen mit der Veränderung herbeizuführen. Was unserer Meinung nach viele Start-ups übersehen: negative Konsequenzen wird es dabei auch immer geben:

- Vielleicht können Vertriebler durch eure Lösung nicht länger ungestört „ihr eigenes Ding" im Verkauf machen, sondern sollen jetzt systematisiert geschult werden. Natürlich sorgt das für Unmut bei den Verkäufern, denn plötzlich verlieren sie zum Beispiel ihr Ansehen als Zugpferd der Abteilung. Plötzlich gibt es mehr erfolgreiche Verkäufer als sie selbst.
- Vielleicht fühlt sich eine Produktionsleitung durch eure technische Lösung blamiert, weil diese Person mit ihrer Expertise und mit ihrem Netzwerk zu Kunden schon vor Jahren hätte merken müssen, dass sich die technische Innovation in die Richtung bewegt, die ihr nun in einer Maschine umgesetzt habt.
- Vielleicht verstehen die Entscheider deinen Implementierungsplan falsch – oder du präsentierst diesen nicht klar genug. Der folgende Eindruck kann dann entstehen: „Wenn es so umfangreich ist, zum Ziel zu kommen, belassen wir alles lieber beim Alten. Beim Gewohnten wissen wir wenigstens, was uns tagtäglich erwartet."

Carsten sagt
Gründer, die den Bedarf kennen, haben einen gewaltigen Vorteil auf ihrer Seite. Denn ein Angebot kann noch so gut sein – wenn kein Bedarf an diesem Angebot besteht, dann wird es nicht genutzt und damit nicht gekauft. Wenn du aber einen Bedarf erkannt hast, dann gleiche dein Angebot mit diesem Bedarf ab und stelle dies in deiner Präsentation heraus.

Umgang mit Bedenken
Diese und andere negativen Konsequenzen können Entscheider durch den Kopf gehen. Dies lässt sich auch nicht vermeiden, denn Entscheider aus dem oberen und mittleren Management wägen immer Risiken gegeneinander ab. Die entscheidende Frage für dich als Start-up lautet: wie viel

Gewicht hat jedes Bedenken für die Entscheider? Wenn die Produktionsleitung im obigen Beispiel einen sehr starken Einfluss im Unternehmen hat, werden dir wahrscheinlich auch die besten Argumente nicht helfen, deine Lösung zu verteidigen. „Personalpolitik" ist dann stärker als rationale Argumente.

In diesem Zusammenhang siehst du ein weiteres Mal, wie wichtig es ist, Entscheider im Vorfeld nach inhaltlichen Vorlieben, Schwerpunkten und Risiken zu fragen. Es ist dir hoffentlich klar geworden: es hilft dir im Hinblick auf Präsentationen nicht allein, dass du ein unangefochtener Experte für deine Lösung bist. Du musst das Unternehmen kennen – von seiner Kultur, seiner Struktur (also seinen Arbeitsweisen) und seinen Köpfen her. Erst dann wirst du in der Lage sein, eine auf das Unternehmen zugeschnittene gute Präsentation liefern zu können.

Und wie sieht es beim B2C-Markt aus? In unseren Augen vergleichbar: auch Konsumenten sind einerseits an einer funktionierenden Lösung interessiert, die andererseits aber auch ihren Prioritäten entspricht.

Angenommen, du versprichst Konsumenten: *„Wir finden für Sie heraus, welcher Whisky-Typ Sie sind, und liefern Ihnen alle sechs Wochen ein entsprechendes Probierpaket."* Dabei stimmen die Grundlagen zu deinem Angebot: du hast Verträge mit entsprechenden Lieferanten, in den Fragebogen zur Bestimmung des Whisky-Typs hast du viel Zeit investiert und deine Logistik funktioniert. Ein automatischer Erfolg für dein Start-up? Nein, denn vielleicht hakt die Präsentation deines Start-ups:

- Die Präsentation deines Fragebogens ist voller Fachbegriffe, die Einsteiger nicht verstehen. Die Folge: sieben von zehn Nutzern des Fragebogens brechen die Typ-Bestimmung ab.
- Für Sammler von Whiskys, die die Fachbegriffe dagegen kennen, ist deine Auswahl jedoch viel zu klein.

Behalte im Hinterkopf im Kopf: Konsumenten sind wechselfreudiger als Geschäftskunden. Geschäftskunden haben immerhin ein schwerwiegendes Problem, das ihre Marktpositionierung gefährdet. Die Wahrscheinlichkeit, dass B2B-Interessenten gewillt sind, deiner Präsentation etwas länger zuzuhören, ist daher groß. Konsumenten hingegen haben in aller Regel kein schwerwiegendes Problem, das unbedingt nach einer Lösung verlangt. Konsumenten möchten konsumieren – also genießen. Wenn deine Präsentation kein Versprechen nach ausgiebigem Genuss erkennen lässt (zum Beispiel weil deine Whisky-Auswahl zu klein ist) oder der Prozess des Konsumierens wahrlich kein Genuss ist, springen deine Interessenten augenblicklich ab – und kehren in der Regel nie wieder zurück.

3.3 Psychologische Elemente

Laut Duden beschäftigt sich die Psychologie mit dem Erleben und Verhalten von Menschen (Dudenredaktion 2019). Wir wollen uns nun anschauen, wie du mit und deinem Start-up auf der einen Seite und die Kunden auf der anderen Seite auf psychologischer Ebene miteinander interagieren und welche Erlebnisse welche Verhaltensweisen auslösen.

3.3.1 Die Verliebtheit in die eigene Präsentation

Fangen wir bei dir und deinem Team an: wir glauben, dass ihr euch besonders vor der psychologischen Falle der Verliebtheit in die eigene Präsentation vorsehen müsst – diese Beobachtung machen wir im B2C- und B2B-Bereich. Wir erleben leider immer wieder, dass aufgrund dieser Selbstverliebtheit eine Präsentation einmal erstellt und danach nicht mehr angepasst wird. Eine Präsentation ist jedoch niemals „fertig"; beim nächsten möglichen Kunden sollte die Präsentation wieder anders sein. Natürlich musst du das sprichwörtliche Rad nicht jedes Mal neu erfinden, aber neue Erkenntnisse und Erfahrungen sollten immer in die nächste Präsentation einfließen. All das Erfahrungswissen dieser Welt bewahrt dich nicht vor dem Umstand, dass du dich beim nächsten Kunden in einer Situation wiederfinden kannst, die du so wohl noch nie erlebt hast.

Skepsis gegenüber den Präsentationsinhalten
Ein Ausweg aus diesem psychologischen Fehltritt ist die fortlaufende Skepsis gegenüber deinen eigenen Präsentationsinhalten. Beachte an die-

ser Stelle, dass Skepsis nicht mit negativer Kritik gleichzusetzen ist. Du sollst mit deinem Team nicht gleich in das nächste psychologische Fettnäpfchen treten und eine Kultur des Misstrauens gegenüber jedem Vorschlag aufbauen, der bei euch intern im Team geäußert wird. Skepsis bedeutet für uns, einen ehrlichen Blick auf die eigenen Inhalte zu werfen und sich dabei von dem Leitgedanken treiben zu lassen: *„Diese nächste Präsentation soll die bislang beste Präsentation unseres Teams werden! Sind wir mit dem Inhalt bereits an diesem Punkt?"*

Wenn du allein – oder zusammen mit deinem Team – bei jeder Präsentation nach der besten Version der Vorstellung suchst, achte auch auf dieses: bei jedem Feedback sollten die Dinge, die einem Mitglied deines Teams bislang an der Präsentation gefallen, zuerst geäußert werden. Im Anschluss ist dann Raum für Verbesserungsvorschläge. Achte darauf, dass wir bewusst „Verbesserungsvorschläge" geschrieben haben und nicht „Kritik". Es tut der Teampsychologie schlichtweg gut, wenn jeder sagt: *„Meiner Einschätzung nach wird es nicht gut beim Kunden ankommen, wenn wir ..."* anstatt dass einer von euch sagt: *„Der inhaltliche Übergang von Slide 3 zu 4 ist schlicht und einfach Mist. Von wem kommt die Idee?"* Selbst in Variante 1 bewahrst du dir die Freiheit, offen über deine Ansicht zu sprechen; du betonst schlicht, dass es deine subjektive Meinung ist (was ja der Wahrheit entspricht). Mit Variante 1 verringerst du außerdem die Wahrscheinlichkeit, dass du Gefühle verletzt. Und wenn du Punkte, die dir gefallen haben, zuerst ansprichst, dann stellst du sicher, dass eure interne Beratung konstruktiv bleibt.

Vorsicht vor „Gold Plating"
Im Zusammenhang der internen Vorbereitung auf eine Präsentation solltest du auch dieses beachten: betreibe kein „Gold Plating". Unter Gold Plating versteht man im Geschäftsleben das unnötige „Veredeln" eines Produktes bzw. generell einer beruflichen Leistung. Auf dieses Beispiel bezogen, solltest du die Präsentation inhaltlich nicht bis zu einem Grad veredeln, an dem ihr euch im Team am Ende darüber austauscht, ob die Farbe Orange besser als Textfarbe zu den Bildern passt oder die Farbe Gelb. Auch solltest du kein inhaltliches Gold Plating betreiben. Natürlich kann es passieren, dass ein Teammitglied noch eine Pressemitteilung des

potenziellen Neukunden findet, deren Aussage nützlich für deine Präsentation ist. Natürlich kannst du darüber hinaus noch einen Tag vor der Präsentation ein Gespräch mit einem Vertreter des Unternehmens haben und dort eine interessante Information mitnehmen. Der Gedanke entsteht dann leicht: *„Wenn ich noch eine Slide in meine Präsentation einbauen könnte, um diesen Punkt mit einzubringen, wäre unsere Vorstellung noch besser."* Ja, in beiden Fällen kann diese zusätzliche Information ein Mehrwert sein. Stelle dir aber bewusst die Frage: Wie groß wäre dieser Mehrwert? Und ist der Mehrwert groß genug, um eine Abänderung der Präsentation zu rechtfertigen – vielleicht nur wenige Stunden vor der Präsentation?

Wir beobachten in diesem Kontext, dass Start-ups die Neigung besitzen, jeder Form von Verbesserungsvorschlägen nachzugehen. Im B2C-Bereich sehen wir diese Entwicklung besonders häufig, da Konsumenten über die sozialen Medien oder über Bewertungen besonders laut ihren Frust herausschreien können. Wenn du und dein Team dann vermehrt dasselbe negative Feedback lest, ist man schnell geneigt, dieser Kritik mit Aktionismus entgegenzutreten. Die Frage ist jedoch: repräsentieren diese lauten Kritiker die Mehrheit der Kunden? Springe also nicht über jedes Stöckchen, das dir von Nutzern hingehalten wird, sondern analysiere erst mal, ob deine Präsentation wirklich von einer Mehrheit (oder immerhin von einer großen Minderheit) abgelehnt wird.

Und auch im B2B musst du garantiert nicht jedem Feedback nachgehen. Behalte im Auge, dass du dir für deine Präsentation ein Ziel gesetzt hast und dich in der Vorbereitung gefragt hast: *„Was muss ich tun, um am Ende meines Vortrags dieses Ziel zu erreichen?"*. Wenn du bereits glaubst, dass deine Präsentation den Zweck erfüllt, für den sie geschaffen wurde, dann lasse es mit der Überarbeitung gut sein. Ansonsten schaffst du nur eine unnötige Unruhe.

> **Carsten sagt**
>
> In Deutschland besteht das Problem, dass alles immer 110 %-ig sein muss. Gut genug zu sein reicht nicht aus. Sei dir stattdessen darüber im Klaren, dass etwas dann ausreichend gut ist, wenn es das Ziel erreicht. Man kann sich bei Präsentationen sehr stark „verkünsteln". Das ist aber gar nicht notwendig.

3.3.2 Die eigene Unsicherheit

Es gibt einen weiteren, psychologischen Fallstrick, der dich bei einer Präsentation packen kann: deine eigene Unsicherheit.

> **Beispiel**
>
> *In Unterfranken gibt es einen Programmierer, der in seinem Unternehmen zugleich als IT-Berater auftritt (die Kombination aus beiden Positionen ist eines der Alleinstellungsmerkmale des Unternehmens). Unsicher ist er bei seinen Präsentationen, weil er als junger Mann in der Regel vor Geschäftsführern der Generation 50+ auftritt. Seine „Lösung" bestand nun darin, im Rahmen von Präsentationen seine Lösungen überbetont als Vorschläge darzustellen. Auch hat er sofort Verständnis für die Einwände der Zuhörer, in der Regel Geschäftsführer, selbst wenn er in den meisten Fällen der einzige Experte für IT-Lösungen im Raum ist.*

Diese Einstellung kennst du vielleicht aufgrund deiner eigenen Situation nachvollziehen. Junge Unternehmen befinden sich oftmals in einer ähnlichen Situation: du und dein Team seid mit eurem Start-up in der Regel frisch auf dem Markt und habt, wenn überhaupt, nur ein paar Jahre Branchenerfahrung.

Was dem IT-Berater im obigen Beispiel durch seine Strategie offenkundig verloren gegangen ist, ist sein Selbstbewusstsein. Er selbst weiß, dass dem so ist – und was noch einschneidender ist: die Unternehmenslenker, mit denen er spricht, bemerken sein fehlendes Selbstbewusstsein genauso. Stelle dir in diesem Zusammenhang diese eine wichtige Frage: Wenn der junge IT-Experte beim Präsentieren seiner Lösungen unsicher wirkt, warum sollten die Entscheider glauben, dass er für den Job auch nur im Geringsten qualifiziert ist? Die Entscheider haben keinen Grund, an die Kompetenz des Beraters zu glauben, denn er gibt ihnen keinen vertrauensstiftenden Grund hierfür. Und das gilt auch für dich: potenzielle Neukunden werden dir kein Vertrauen entgegenbringen, wenn du dich vom Auftreten her klein machst.

Erinnere dich an den Anfang dieses Kapitels: Psychologie beschäftigt sich mit dem Verhalten von Menschen und wie andere Personen dieses

Verhalten erleben. Entscheider wollen Vertrauen in das Start-up und dessen Lösung gewinnen, damit erreichst du das nächste Okay als Meilenstein. Demnach: Kein Selbstbewusstsein, kein Vertrauen. Du und dein Team können die unangefochtenen Experten auf einem bestimmten Gebiet sein. Zeugt dein Auftreten von Unsicherheit, wirst du kein Vertrauen aufbauen. Und bedenke darüber hinaus: Außendarstellung und Können stehen in keinem direkten Verhältnis zueinander. Selbst die unfähigsten Menschen können sich so präsentieren, als seien sie Experten. Trotzdem lassen sich Menschen – hier: Entscheider – von einem selbstbewussten Auftreten psychologisch blenden.

Du dagegen hast etwas zu sagen und hast doch auch schon etwas erreicht – du hast also allen Grund, selbstbewusst in eine Präsentation zu gehen:

- Einerseits hast du mit deinem Team schon genug Vertrauen aufgebaut, um überhaupt zu diesem Gespräch eingeladen worden zu sein und
- andererseits hat dein Start-up ein Produkt bzw. eine Dienstleistung zum Zeigen; diese Lösung funktioniert und möglicherweise hast du sie schon bei anderen Präsentationen praxisgetestet.

Gib dir also die geistige Grundhaltung: *„Meine Lösung und die Präsentation dazu besitzen Wert – und diesen Wert werde ich im bestmöglichen Licht darstellen."*

3.3.3 WIIFM

Ein finaler Tipp von uns: bedenke, dass Menschen nach dem Grundsatz „WIIFM" – *„What's in it for me?"* oder *„Was ist für mich drin?"* – entscheiden. Das ist eigensinnig – und diese Strategie steht nicht selten im Gegensatz zu dem, was für das Unternehmen selbst richtig und wichtig ist. Wir Menschen sind aber einfach nach diesem psychologischen Muster gestrickt. Bei unseren Entscheidungen spielt immer auch die Suche nach dem eigenen Vorteil eine Rolle. Was bedeutet das nun für deine Präsentation?

> **Beispiel**
>
> Angenommen, deine erste Präsentation bei einem Unternehmen findet vor dem Leiter für Business Development Sales und der Leiterin des Vertriebsinnendiensts statt. Beide Personen aus dem Unternehmen blicken nach dem Grundsatz WIIFM auf deine Präsentation und idealerweise bedient deine Präsentation die Sehnsüchte beider Entscheider.

Der Leiter Business Development Sales ist hauptsächlich daran interessiert, die Abteilung Vertrieb „besser" zu machen, das heißt zum Beispiel:

- der Vertrieb soll mehr Daten von Interessenten erhalten,
- die Anzahl an Vertriebsterminen pro Monat soll steigen,
- die einzelnen Mitglieder des Vertriebsteams sollen in etwa dieselben Qualifikationen besitzen und
- die Vertriebsmaßnahmen sollen up-to-date bleiben und Entwicklungen wie die digitale Transformation des Geschäftslebens sollen berücksichtigt werden.

Mit diesen beruflichen Zielen sind seine „egoistischen" Wünsche verbunden, das heißt: der Business-Development-Leiter scannt jede Präsentation – auch deine – nach Lösungen ab, mit denen er vor seinem Chef (dem Geschäftsführer) gut dasteht. Immerhin ist es so, dass er seine Position nicht lange behalten wird, wenn er Budget in Maßnahmen investiert, die das Geschäftsfeld Vertrieb nicht weiterentwickeln.

Und wie sieht es im obigen Beispiel mit der Leiterin des Innendiensts aus? Erst einmal sollte dir klar sein, dass sie in ihrer Position in der Regel dem Business Development untergeordnet ist. Du kannst also davon ausgehen, dass sie sich beim Präsentationstermin vermutlich zurückhalten und abwarten wird, wie sich der Leiter für Business Development Sales positioniert. Trotzdem hat auch die Leiterin des Innendienstes Eigeninteressen und diese betreffen beispielsweise ihre Mitarbeiter an den Telefonen. Vielleicht empfinden sich diese Angestellten als zweite Geige im Vertrieb, die zwar per Telefon die wichtige Vor-Qualifizierung von Kunden vornehmen und Termine für die Außendienstler bei Firmen vereinbaren, aber nach eigener Wahrnehmung nur selten eine vernünftige

Wertschätzung dafür erhalten. Die Stars sind stattdessen die Außendienstler, die vor Ort beim Kunden die großen Verträge nach Hause bringen. Dein Ziel sollte in Bezug auf die Leiterin eine Lösung sein, die sie bei ihren Angestellten gut aussehen lässt – und natürlich auch einen konkreten Nutzen für das Gesamtunternehmen hat. Wenn möglich, vereinbare vor deiner Präsentation ein Gespräch mit der Leiterin des Innendienstes, um konkret zu erfahren, wie ihr WIIFM aussieht und nimm diese Informationen dann in deine Präsentation auf.

3.3.4 Storytelling-Elemente

Vielleicht fragst du dich jetzt: *„Was haben Geschichten in einer Präsentation für Unternehmen oder Konsumenten zu suchen?"* Zunächst möchten wir festhalten, was wir unter Storytelling überhaupt verstehen: Eine Story beschreibt Charaktere, die handeln. So einfach ist das – und wenn du genau überlegst, umfasst diese Definition von Storytelling den Kern jeder Geschichte, die du kennst: sei das bei Netflix, im Theater oder in einem Roman. Und das Handeln dieser Charaktere hat Konsequenzen in irgendeiner Form. Im Endeffekt kannst du also sagen: mit einer Story zoomen wir ganz nahe heran an eine Situation und schauen uns an, wie sich diese Situation auf Ebene der beteiligten Personen abspielt. Und damit erhalten wir unweigerlich ein klares Bild von der Situation im Kopf. Genau dieser Aspekt von Storytelling, dass wir als Konsumenten einer Story klare Bilder vor Augen haben, ist der Grund, warum Geschichten für eine Präsentation so wichtig sind. Mit klaren Bildern, die du deinen Hörern bei deiner Präsentation in den Kopf setzt, hebst du dich automatisch von einem Großteil deiner Konkurrenz ab. Frage dich selber: wie häufig hast du eine Präsentation gesehen, die derart klare Bilder in deinen Kopf gesetzt hat wie der Vortrag von Josh Light von „Cup Ad"?[2] Wir nehmen an, dass dir diese Klarheit eher selten bei Präsentationen begegnet. Was siehst du in der Regel stattdessen? Vom Standpunkt der geistigen Bilder gesprochen, bleibt die Leinwand deines Kopfkinos

---

[2] UtahStateCES, Elevator Pitch Winner (Josh Light, CupAd). Aufgerufen von: https://www.youtube.com/watch?v=i6O98o2FRHw. Zugegriffen am 25.01.2021.

wahrscheinlich schwarz. Dafür wirst du in Präsentationen mit unhandlichen Wörtern konfrontiert, die dir nicht wirklich etwas sagen:

- *„Das erste Produkt zur Vermeidung von Hundehaaren im Haus."* – Ist das Produkt bereits gut, weil es das erste dieser Art ist?
- *„360-Grad-Kino-Erlebnis"* – Umfasst das aktuelle Kino weniger als 360 Grad?
- *„Sicherstellung eines kontinuierlichen Workflows"* – Wer stellt was sicher und für welchen Workflow?
- *„Wir positionieren uns bewusst in einer Nischenstellung."* – Warum? Und welche Nische ist gemeint?
- *„In einem Satz ausgedrückt: mit diesem Einkauf befördern Sie Ihr Business auf das nächste Level!"* – Bullshit-Bingo par excellence!

Du siehst: entweder nutzen Start-ups – wie auch Unternehmen anderer Größe – neudeutsches Vokabular, das gut klingt, aber wenig sagt, oder eine Präsentation basiert auf Features, also auf Eigenschaften eines Produktes oder einer Dienstleistung.

Neudeutsche Begriffe und abstrakte Features
Das Problem mit neudeutschen Begriffen leuchtet dir bestimmt sofort ein. Das Problem der Darstellung von Features liegt darin, dass diese abstrakt sind und insbesondere keinen Nutzen zeigen. Nimm als Beispiel die Aussage *„Mit unserer Software reduzieren wir die Suchgeschwindigkeit um den Faktor 2,5!"*. Sie klingt zwar innovativ, beschreibt aber keinen Nutzen: nur weil etwas schneller funktioniert, heißt das nicht, dass es automatisch besser funktioniert. Wenn du ein System (zum Beispiel ein Datensystem) an einer Stelle beschleunigen kannst, und diese Stelle gehört nicht zum eigentlichen Engpass (also zum eigentlichen Problem), dann verschlimmert sich möglicherweise das Problem sogar. Denn plötzlich kommen Datenströme noch schneller an die „engste Stelle" des Systems, welche zuvor schon mit der Menge an Datenfluss überfordert war. Du siehst also, dass selbst Begriffe, die vermeintlich positiv besetzt sind, nicht immer Nutzen kommunizieren.

Präsentation von Nutzen
Präsentiere deshalb greifbaren Nutzen anstatt Features – wie bereits in Kap. 2 schon unter „Anforderungen" beschrieben. Was uns genau zum Thema Storytelling führt, denn mit einer Geschichte gehst du auf die Ebene der Personen. Auf dieser Ebene siehst du die Auswirkungen von Handlungen auf Menschen: Wie verbessert sich das Leben von Personen in einer bestimmten Situation, wenn sie ein bestimmtes Produkt nutzen? Wie arbeiten Menschen in einer Firmen heute und wie werden sie arbeiten beispielsweise nach der Implementierung deiner Software?

Wenn du deine Präsentation derart mit einer Story aufbaust, schaffst du klare, geistige Bilder in den Köpfen deiner Hörer. Übersetze deshalb Features in konkreten Nutzen und erzähle von diesem Nutzen in Form einer Story.

Ein Nutzen braucht ein konkretes Problem
Ein weiteres Wort zum Thema „Nutzen im Verlauf einer Story": Geschichten drehen sich regelmäßig um ein Problem, das nach einer Lösung verlangt. Der Held realisiert schrittweise, dass ihn ein Problem plagt, und je stärker ihm dies bewusst wird, desto eher streckt er sich nach einer Lösung aus. Eine Story für Kunden (und auch für alle anderen Zielgruppen) kopiert diese Struktur. Wenn du also in den Stories deiner Präsentationen von dem Nutzen (anstatt der Features) erzählst, führe diesen Nutzen auf ein klares Problem zurück. Erzähle also in klaren Bildern vom Problem, das der Kunde aktuell hat (und von dem er möglicherweise noch gar nichts weiß), verstärke im Verlauf der Geschichte das Problem und biete den Nutzen dann als Lösung für das Problem an, zu der die Charaktere deiner Story gelangen.

Kernaussage der Geschichte
Bevor du allerdings an „Charaktere" denken solltest, denen du Handlungen zuweist, solltest du an die Kernaussage der Story denken. Jede Story benötigt, wie jedes gute Märchen, eine Moral von der ‚Geschicht'. Der Grund hierfür ist einfach: Entscheider in einem Unternehmen, genauso wie Konsumenten, wollen wissen, was es mit der Story im Rahmen einer Präsentation auf sich hat. *„Was hat eine Geschichte hier verloren?*

Ich will zum Punkt kommen!" geht den Leuten durch den Kopf. Um zu verhindern, dass eine Geschichte in deiner Präsentation deplatziert wirkt, gebe deiner Geschichte sofort – soll heißen: zum Beginn der Präsentation – einen Kontext. Sieh dir noch einmal den Beginn der Präsentation von Josh Lights an: *"We have the most effective form of advertisement."* Aus der Perspektive von Storytelling gesehen – und somit aus der Perspektive von klaren geistigen Bildern – optimieren wir den Satz ein ganz klein wenig: *"Wir glauben, dass ein Kaffeebecher die beste Werbefläche darstellt."* Neun Wörter, die dir sofort ein klares Bild in den Kopf setzen. An diesem Satz gibt es nichts, was du spontan nicht verstehst. Und du wirst dir denken *"Okay, ich habe jetzt schon verstanden, um was es gehen soll. Jetzt will ich wissen, wie die das begründen!"* Genau diesen Kontext wollen auch deine möglichen Neukunden erkennen und in sich die Neugier spüren, mehr wissen zu wollen. Ein solcher Kontext eckt nämlich auch an. Lass die Hörer gerne glauben: *"Das will ich erst mal bewiesen sehen."* Wenn du beweisen kannst, dass dem so ist, wie du sagst, brauchst du dich nicht hinter weniger klaren Worten verstecken.

Ecken und Kanten und der Kontext
Noch etwas: Ecken und Kanten sind wichtig für den Kontext, und damit für das Storytelling, weil damit ein Spannungsbogen errichtet wird. Ein Spannungsbogen dient dazu, dem Leser oder Zuhörer von Beginn an einen Grund zu geben, sich auf die Story einzulassen. Genau dieses Prinzip überträgst du auf deine Präsentation.

Vergleiche dazu den Beginn von Präsentationen ohne das Setzen eines solchen Kontextes: *"Drei Monate lang haben wir intensiv am Produkt gearbeitet, drei Monate haben wir Kapital beschafft, wir haben aber schon vor einem Jahr begonnen, unseren Businessplan aufzubauen."* Ein Wort: langweilig! Wo ist hier der Spannungsbogen? Verspürst du ein Interesse zu wissen, wie es weitergeht? Die Ecken und Kanten fehlen und demzufolge ist dir auch egal, wie die nächsten Sätze lauten.

Wenn du den Kontext gesetzt hast, sollte sich die Story nun um das Problem drehen. Frage dich an dieser Stelle ganz konkret, wie du die Geschichte formulieren solltest, damit klar wird: deswegen ist das Problem tatsächlich ein Problem!

3 Präsentationen für Kunden 59

> **Beispiel Teil I**
>
> *„Wir stehen heute vor Ihnen, weil wir Folgendes beobachtet haben: In Produktionsanlagen ist jeder Teilschritt penibel genau durchgeplant und dadurch verlieren Unternehmen pro Jahr hunderttausende Euro an Umsatz. Genau diesen Zustand wollen wir mit unserer Lösung ändern."*

Mit dieser Aussage, die den Kontext für die Story schafft, eckst du an: *„Gerade weil wir in der Produktion penibel planen, schaffen wir doch eine Menge Umsatz. Wovon reden die eigentlich?"* Das Interesse für deine nächsten Ausführungen hast du somit geschaffen. Beachte aber, dass du dabei noch angenehm als Präsentator rüberkommst. Du willst nicht arrogant wirken. Du sagst deshalb nicht: *„Das ist auf jeden Fall so."* Im Gegenteil: du hast etwas beobachtet, das bedeutet aber nicht, dass du mit deiner Beobachtung in allen Fällen richtigliegst. Achte deshalb auf deine Wortwahl, damit du dem potenziellen Kunden nicht zu verstehen gibst, dass er eigentlich nur zu dumm ist, um seinen Fehler von selbst zu erkennen.

Das Problem kannst du nun so darstellen:

> **Beispiel Teil II**
>
> *„Stellen Sie sich vor, Sie stehen in der Lagerhalle eines Industrieofen-Herstellers und Sie können kaum durch die Lücken zwischen den Teilen hindurchgehen, so voll gestellt ist die Halle. Der Lagerleiter verrät Ihnen: ‚Für Standard-Hochöfen haben wir stets Bauteile auf Lager. Beim Bau eines neuen Ofens liefern unsere Lieferanten die Basis-Bauteile sofort nach, meist innerhalb von 72 Stunden. Unsere Lagerauslastung liegt nahezu durchgängig bei 100 %'. Und jetzt frage ich Sie, meine Damen und Herren im Raum: ist dieser Arbeitsprozess sinnvoll? Machen wir doch dieses Gedankenspiel: Noch während Sie mit dem Lagerleiter sprechen, kommt ein Vertriebler hinzu und sagt: ‚Großartige Nachrichten, drei neue Aufträge haben wir spontan reinbekommen – Spezialanfertigungen sollen das aber sein!' Was machen Sie jetzt? Spezialanfertigungen benötigen spezielle Teile, die Sie im Lager gerade nicht haben. Nachbestellen – auch das wird schwierig. Denn Sie wissen ja: Die Lagerauslastung liegt nahezu durchgängig bei 100 %. Wo stellen Sie diese Teile dann genau ab? Und denken Sie auch an die großen Konsequenzen: entweder Sie sagen dem Vertriebler: ‚Wir können die Auftragslage nicht bedienen.' oder Sie nehmen die Aufträge an, aber Sie kommunizieren dem Auftraggeber sofort Lieferverzögerungen. Überschlagen Sie schnell im Kopf, wie viel Umsatz Sie dieser Engpass in Ihrem System kostet."*

In nur 199 Worten umfasst du in diesem Beispiel:

- den relevanten Ablauf im Unternehmen im Status quo,
- das Einbinden deiner Hörer in die Präsentation,
- den Fehler im Status quo,
- die Konsequenzen aus diesem Fehler und
- das erneute Einbinden deiner Hörer (diesmal durch Nachdenken über die Konsequenzen im eigenen Unternehmen).

Und in nur 199 Worten bringst du diese fünf Punkte in Form einer Story und damit in klaren geistigen Bildern zu deinen Hörern. Wie viele Start-ups kennst du, die derart kurz und klar ihre Präsentation beginnen? Und bedenke zudem, dass wir uns bei der Problembeschreibung zugleich bei einem der wichtigsten Punkte deiner Präsentation befinden. Dieser Teil soll deine Hörer eindeutig abholen, also bei ihnen die Reaktion hervorrufen: *„Ja, so ist das tatsächlich."*

Oliver sagt

Im diesen 199 Worten steckt außerdem starke Emotion. Für eine Story, die du über dein Start-Up erzählst, benötigst du diese eindeutigen Emotionen vom Start weg. Nehme dir also den Mut deinem Publikum vom Beginn deiner Geschichte an Ecken und Kanten zu präsentieren, durch die du auch eine klare, emotionale Sprache sprichst. Versäumst du es in deiner Story von Beginn an auf der emotionalen Tastatur zu spielen, präsentierst du keine Geschichte, sondern einen gefühllosen Tatsachenbericht.

Die Struktur der Geschichte

Wie sieht nun die Struktur einer Story aus?

- *„Stellen Sie sich vor"*: Mit diesen ersten Worten aktivierst du die Hörer deiner Präsentation. Du sprichst nicht einfach zu den Teilnehmern (und versetzt sie damit in einen Zustand, in dem sie deinen Content schlicht passiv konsumieren können), sondern du sprichst mit den Teilnehmern (und versetzt sie in die Lage, sich mit dir zusammen etwas vorzustellen). Du kannst dir hier die Faustregel merken: Begleite die Hörer deiner Präsentation so früh wie möglich in eine Gedankenwelt und kehre mit ihnen wiederholt in diese geistigen Bilder zurück. Im vorherigen Beispiel werden die Hörer in der Mitte ein weiteres Mal aktiviert, diesmal mit den Worten: *„Und jetzt frage ich Sie, meine Damen und Herren im Raum".* Wichtig an dieser Stelle ist: erlaube dir, flexibel mit diesen Einschüben zur Aktivierung deines Publikums zu sein. Sei nicht so steif, dass du dir sagst: *„Ich aktiviere mein Publikum nur an diesen vorher bestimmten Stellen und nicht woanders."* Denn sonst droht dir, dass kritische Situationen, in denen du dein Publikum zu verlieren drohst, ohne dein Eingreifen aus dem Ruder laufen.

- *"... Sie stehen in einer Lagerhalle ...":* Hier beziehst du gleich eine Perspektive. Das ist notwendig, denn eine Story besteht aus Charakteren, die handeln. Du brichst das Problem, das du für deine Präsentation beschreiben willst, also von Anfang an auf Personen herunter, die etwas tun und die Konsequenzen dieses Tuns erleben. Was du mit dieser Herangehensweise vermeidest, ist ein sofortiges Abgleiten in abstrakte Beschreibungen von Situationen und Zusammenhängen. Für Storytelling in deiner Präsentation gilt also: überlege dir, aus welcher Perspektive heraus du die Story betrachten möchtest. Im Beispiel oben ist die Perspektive die eines nicht näher bestimmten Anwesenden.
- *"... und Sie können kaum durch die Lücken zwischen den Teilen hindurchgehen, so voll gestellt ist die Halle":* Platziere Sätze wie diesen in deiner Story, die Bewegung ausdrücken. Unsere Empfehlung hat einen bestimmten Grund: du solltest Bewegung mit Dynamik gleichsetzen. Diesen Sinnzusammenhang meinen wir so: Eine Geschichte, die den Effekt von Bewegung in Sprache ausdrückt, wirkt auf den Hörer dynamisch in ihrer Erzählweise. Das ist für dich, der diese Empfehlung aktuell theoretisch nur liest, vielleicht schwer nachzuvollziehen. Wenn du aber diese Dynamik in die Stories deiner Präsentationen mit aufnimmst, wirst du merken, was wir an dieser Stelle meinen. Beachte an dieser Stelle etwas ganz Wichtiges: Du möchtest Stories in deine Business-Präsentationen einbauen (um Vertrauen beim Kunden zu generieren) und keinen Roman bzw. kein Drehbuch für die Allgemeinheit schreiben (um zu unterhalten). Das heißt: die Dynamik deiner Stories ist mit einem wichtigen Thema deiner Präsentation verbunden. Auf dieses Beispiel bezogen: du drückst mit der Darstellung des Laufwegs aus, dass das Lager-Management aktuell überpenibel reguliert wird.

Du folgst damit der bewährten Theater-Regel: „*Show, don't tell.*" Anstelle mit großen Worten deine Sorgen zu beschreiben, dass die Dauerauslastung des Lagers zu einem Problem für die Produktionsprozesse führen kann, setzt du mit einer einzigen sprachlich ausgedrückten Bewegung Zweifel in die Köpfe deiner Hörer. Wahrscheinlich wird ihnen bei deinen Worten durch den Kopf gehen: „*Bei so einem vollgestopften Lager werden die total unflexibel – eigentlich arbeiten wir genauso.*" Und wenn du diesen Keim dann nur wenige Sätze später auch erzählst, kommt beim Publikum das befriedigende Gefühl von: „*Wusste ich es doch!*" hinzu.

- Du merkst an dieser Story außerdem: die Anzahl der Wörter der Geschichte ist wohlüberlegt gewählt. Unser Tipp ist daher tatsächlich: verwende so wenig Wörter wie möglich und gebe jedem Wort deiner Story eine Daseinsberechtigung. Aus dieser Perspektive gesehen, werden dir schnell eine ganze Reihe an Füllwörtern auffallen, die du streichen kannst. „*Stellen Sie sich mal diese genaue Situation vor Ihrem geistigen Auge vor …*". Dir fällt sofort auf: die unterstrichenen Wörter kannst du dir sparen, denn sie vermitteln keine neue Information. Wenn du dir etwas vorstellst, ist es klar, dass diese Vorstellung vor deinem geistigen Auge passiert und das „mal" ist schlicht das Paradebeispiel für ein Füllwort der deutschen Sprache. Sei deshalb gründlich beim Aufräumen von Füllwörtern in deinen Stories.
- Treibe außerdem mit jedem neuen Satz deine Story voran, um die Spannung weiter aufzubauen oder aufrecht zu erhalten. Einer der größten Fehler beim Storytelling, den wir beobachten, ist, dass Präsentatoren kurz in eine Story einführen, schnell zu dem Punkt kommen, über den sie eigentlich sprechen wollen, und dann lang und breit an diesem Punkt stehen bleiben und sich über ihn inhaltlich auslassen. Mit dieser fehlgeleiteten Strategie stirbt jede Spannung. Spannung entsteht allein, wenn sich deine Geschichte mit jedem neuen Satz weiterentwickelt und der Hörer ahnen kann: wir bewegen uns auf ein großes Problem zu. Jetzt wollen deine Hörer wissen, wie das Problem, das sich klar erkennbar am Horizont abzeichnet, gelöst werden kann. Große Erklärungen dagegen sind für den Q&A-Abschnitt deiner Präsentation gedacht oder für einen anderen Teil dei-

nes Vortrages, der ausdrücklich nicht als Geschichte formuliert sein sollte.
- Gehe nun noch einmal zurück zum Beispiel und schau dir an, was in vielen Fällen am Anfang des jeweiligen Satzes steht – nämlich die wichtigste Information: *„72 Stunden später"*, *„drei neue Aufträge"* usw. An dieser Stelle kannst du ein weiteres Mal sehen, wie intensiv die Vorbereitung auf deine Präsentation sein sollte: Füllwörter aus deiner Präsentation zu schneiden, ist das eine. Die Story mit jedem neuen Satz mit weiteren Informationen anzureichern, damit geradewegs auf ein Problem zuzusteuern und dazu noch darauf zu achten, dass du jede wichtige Information eines jeweils neuen Satzes noch an den Beginn der Aussage stellst, ist dagegen eine ganz andere Aufgabe.

> **Carsten sagt**
> Dies ist im Grunde eine Blaupause für eine Story in deiner Präsentation Weitere Informationen und Templates zur Gestaltung von Storys findest du auf der Webseite zu diesem Buch unter www.pitchperfekt.de.

Die Lösung als Geschichte

Wenn dein Geschäftskunde dann bereit für die Lösung ist – da er ja nun das Problem begriffen hat und dieses akzeptiert –, erzähle auch die Lösung als Story. Erzähle auch die Lösung aus der Charakterperspektive und kehre an den Anfang der Story zurück – also zum selben Szenario. Diesmal hat der Kunde aber etwas Neues gelernt – dein Produkt oder deine Dienstleistung angewendet – und das Problem, das einst bestand, existiert nun nicht mehr.[3]

Storytelling im B2C-Markt

Ein besonderer Tipp für Storytelling im B2C-Markt: hier kannst du dir die Problembeschreibung in einigen Fällen sparen. Erinnere dich: im B2C-Segment geht es oftmals nicht um Prozessprobleme, sondern um

---

[3] Du möchtest mehr über B2B-Storytelling erfahren? Dann empfehlen wir dir *„Storytelling im Vertrieb"* von Oliver Grytzmann, ebenfalls herausgegeben von (Grytzmann 2020).

Genuss. Wenn ich etwas genießen möchte, habe ich im Status quo nicht notwendigerweise ein Problem. Versetze deine Hörer also wieder in eine Charakterperspektive und gehe gleich zur Lösung über. Die Besonderheit auf dem B2C-Markt: du kannst viel freier mit Humor in deiner Story umgehen. Benutze beispielsweise amüsante Metaphern: „*Unser [Produkt] ist wie …*" oder zeige Ecken und Kanten mit beißendem Humor: schau dir dazu zum Beispiel die Stories von dem Autovermieter Sixt an.

3.4 Typische Fehler aus der Praxis

Start-ups machen im Hinblick auf Präsentationen für Kunden viele Fehler, die auf zwei wesentliche Bereiche heruntergebrochen werden können:

- Start-ups haben sich entweder während der Entwicklung des Produkts herzlich wenig Gedanken über die Käufer und deren unternehmerischen Probleme gemacht oder (wenn sie dies getan haben)
- haben sie sich keine wesentliche Strategie zurechtgelegt, wie sie spezifische Unternehmen – vor denen sie präsentieren – von dem grundlegenden Mehrwert ihres Produktes überzeugen können.

In beiden Fällen kann man davon ausgehen, dass die Vorbereitung des Start-ups auf eine Präsentation ohne einen Vorab-Termin mit dem Kunden erfolgte. Eben darin liegt der erste Fehler, den Start-ups unserer Meinung nach machen können.

3.4.1 Vorabinformationen werden nicht eingeholt

Präsentationen werden vorbereitet ohne eine Vorbesprechung mit dem potenziellen Kunden bzw. ohne entsprechende Marktanalyse. Darüber hinaus werden im Hinblick auf die Präsentation nicht die richtigen Fragen gestellt. Die richtigen Fragen sind dabei solche, mit denen du direkt nach den Informationen fragst, die deine Präsentation bereichern, wenn du auf sie eingehst. Solche Fragen können beispielsweise sein:

- *„Was tun Sie aktuell, um all Ihre Logistikpartner zu koordinieren?"*
Die Frage läuft auf den Status quo des Unternehmens hinaus. Diesen solltest du unserer Meinung nach unbedingt kennen, denn nur dann kann deine Präsentation beim Kunden inhaltlich wirklich „andocken". Achte bei den folgenden Fragen dann darauf, wie diese aufeinander aufbauen.
- *„Wie sieht diese Koordination genau aus, können Sie uns dazu ein Bild oder ein Beispiel geben?"*
Du betreibst hier „passives Storytelling": anstelle also aktiv eine Geschichte zu erzählen, lässt du dir (passiv) eine Story von einem der Entscheider erzählen. Das hat den Vorteil, dass du nun ein klares Bild im Kopf hast – also den Wesenszug einer Geschichte – anstatt einer abstrakten Antwort vom möglichen Kunden.
- *„Ich höre heraus, dass in diesen Prozess vor allem die Buchhaltung eingebunden ist. Was würde der Leiter dieser Abteilung zum Ablauf der Koordination sagen, wenn er hier im Gespräch wäre?"*
Du merkst: das ist eine Alternative – in unseren Augen sogar die bessere Alternative – zur Frage: *„Was läuft aktuell in diesem Prozess schief?"* Kaum ein Entscheider wird dir im ersten Gespräch, insbesondere schon nach nur wenigen Minuten, interne Unternehmensprobleme erzählen. Die Antwort, die du stattdessen bekommst, ist ausweichend, beschönigend oder im schlimmsten Fall glatt gelogen. Das ist verständlich, denn heikle Interna gehen dich als Externen auch nichts an. Probiere es lieber mit dieser Frage, die neutraler an das Thema herangeht und dem Entscheider die Freiheit lässt, so offen auf die Frage zu antworten, wie er dies für richtig hält.
- *„Wenn Sie über den langen Leerlauf sprechen, bis Ihre Buchhaltung die notwendigen Belege von Ihren Geschäftspartnern erhält: was macht das mit Ihren eigenen Geschäftsprozessen? Wie sind diese dadurch beeinflusst?"*
Erneut fragst du nicht direkt, was schiefläuft, sondern gibst dem Verantwortlichen Freiraum in seiner Antwort. Wichtig: du zeigst bei dieser Frage, dass du zuhörst und mitdenkst. Der Entscheider bekommt nicht den Eindruck: *„Die lesen hier ihre Fragen stur vom Zettel ab."* Damit steigt das Vertrauen, dass das Unternehmen dir als Start-up gegenüberbringt.

- *„Wenn Sie sich frei etwas wünschen könnten: Was würden Sie direkt – oder Ihre Buchhaltung – im Zusammenhang mit Ihren Kooperationspartnern künftig gerne anders machen … Was ist Ihrer Meinung nach der Grund, weshalb Ihr Wunsch noch nicht Realität geworden ist?"*
Du gehst mit dieser Frage in Richtung der Lösung, die die Entscheider gerne sehen möchten. Und du wirst ein bisschen risikofreudiger, was deine letzte Frage anbelangt. Hier sprichst du durch die Blume nämlich etwas Negatives an. Unsere Idee dahinter lautet: Wenn du im Gespräch bisher Verständnis und wirkliches Interesse am Unternehmen des Entscheiders gezeigt hast, öffnet sich dieser wahrscheinlich für dich, was direkte Fragen anbelangt. Wenn du also das Gefühl hast, dass du bereits Vertrauen bei ihm – oder der Gruppe an Entscheidern – gewonnen hast, trau dich, eine solche Frage zu stellen.

Diese Fragen sind natürlich erst einmal nur Vorschläge. Wichtig ist uns, dass du Zeit darin investierst, den Status quo der Arbeitsweise des Unternehmens kennenzulernen. Bei solchen Gesprächen tut sich stets eine Lücke in den Arbeitsabläufen des möglichen Neukunden auf, die du mit deiner Lösung füllen kannst. Dann besitzt du wirklich die Aufmerksamkeit der Zuschauer, denn diese spüren: *„Das ist eine Lösung für uns, das ist kein 08/15-Aufwasch für jedermann."*

Umgang mit Antworten
Und wir raten dir außerdem: gehe kritisch mit den Antworten um, die du erhältst. Damit meinen wir: bleib kritisch in deinen Gedanken. Sei schnell im Mitdenken und wenn dir eine Antwort komisch vorkommt, frage geschickt, aber nicht konfrontierend nach. Dieses Vorgespräch hat also auch damit zu tun, Widersprüche aufzudecken. Vielleicht sind diese Widersprüche auch unbeabsichtigt, weil sich niemand im Unternehmen bislang Mühe gemacht hat, über diese nachzudenken. Allein dieses aktive Mitdenken und Nachfragen kann als vertrauensstiftender Mehrwert angesehen werden.

Im B2C-Bereich gilt übrigens Ähnliches: mach dir Gedanken um deine Konsumenten und ruf sie auf, Feedback zu geben. Je besser die

Fragen sind, die du im Hinblick auf das Feedback stellst, um besser kannst du anhand der Antworten deine Präsentation anpassen.

3.4.2 Fehlerhafte Organisation

Im Zusammenhang mit dem Vorgenannten beobachten wir oftmals einen weiteren Fehler: die Organisation des Vorgespräches, der Vorbereitung generell und der Präsentation selbst ist nicht klar geregelt.

- Wer führt das Vorgespräch mit dem Entscheider und wer fragt den Termin konkret an?
- Habt ihr eine festgelegte Liste an Fragen oder fragt jeder von euch, wenn er „dran ist" mit dieser Rolle, aus dem Bauch heraus? Werft ihr Fragen aus der Liste, wenn diese nicht funktionieren? Haltet ihr die Liste mit neuen Fragen aktuell?
- Wie kommuniziert ihr die Ergebnisse des Gespräches im Start-up und wie sieht euer Prozess für das Einbauen der neugewonnenen Infos in eure Präsentation aus?
- Wer ist der Präsentator? Sind alle zufrieden mit dieser Entscheidung?
- Wo halten sich die anderen während der Präsentation auf, wenn es mehrere Redner gibt? Gibt es Übergange zwischen den Rednern und wie läuft der ab?

Im Zusammenhang mit Präsentationen gibt es eine Vielzahl an organisatorischen Fragen, auf die ihr konkrete Antworten benötigt. Nehmt euch die Zeit und klärt die Organisation einmal sorgfältig. Diese Vorbereitung wird euch eine große Hilfe sein bei allen folgenden Präsentationen.

3.4.3 Fehlender Verantwortungsgeist

Der dritte Fehler, den wir immer wieder beobachten, ist nicht leicht zu entdecken. Es geht um den fehlenden oder unzureichenden Verantwortungsgeist, was die interne Unterstützung im Team anbelangt.

Frage dich einfach selbst: sind selbst kleine, organisatorische Aufgaben ein Problem für dein Start-up, weil schon diese Fragen in ellenlange Diskussionen ausarten? Wenn dem so ist, dann halten wir diesen Zustand für ein großes Problem. Denn in diesem Fall sind „faule Kompromisse" und nicht erledigte Aufgaben nicht weit, die sich in beiden Fällen schädlich auf deine Präsentationen auswirken können. In solchen Fällen

- übernehmen Mitglieder deines Teams nur deshalb das Vorgespräch, weil „sich ja sonst keiner findet",
- verläuft das Einbinden der gewonnenen, neuen Informationen schleppend, weil sich niemand wirklich dafür zuständig fühlt (oder aus Ärger wird bewusst weniger Zeit in diese Arbeit steckt als notwendig ist) und
- und ihr bereitet euch nicht im notwendigen Maß auf die Präsentation und deren Übergänge vor.

Unser dringender Aufruf an euch lautet deshalb: helft einander aus und zieht euch alle gegenseitig zur Rechenschaft, dass ihr die bestmögliche Performance abliefert – bei jeder weiteren Präsentation aufs Neue. Als Team seid ihr stark, also sollten sich auch alle Teammitglieder einbringen.

3.5 Dos and Don'ts

In diesem Unterkapitel wollen wir dir nun noch einige Kurztipps mitgeben und wir wollen Ideen weiterspinnen, die in diesem Kapitel schon von uns angeschnitten wurden.

3.5.1 Tipps mit positiven Auswirkungen

Verwendung von Vorlagen
Mache dir das Leben im Start-up leicht und benutze Templates (also Vorlagen) für Präsentationen. Mit Vorlagen meinen wir dabei Designvorlagen. Du musst nicht jedes Mal das sprichwörtliche Rad neu erfinden, wenn es um die Slides der Präsentation geht. Einige dich mit dem Team auf ein schlichtes Design, finde eine ansprechende Farbpalette, die zur

Corporate Identity passt, wähle vernünftige Fotos aus (bestenfalls eigens geschossene anstelle von Stockfotos von entsprechenden Plattformen im Internet) und verwende diesen grundlegenden Bau der Präsentation als Vorlage für kommende Vorträge. Achte im B2B-Zusammenhang ferner darauf, dass du für die Präsentationen in einem einzigen Unternehmen unter Umständen mehrere Variationen der Präsentation und damit mehrere Templates benötigst, je nach erreichtem Meilenstein.

Beispiele in Präsentationen
Deine Präsentationen umfassen wahrscheinlich regelmäßig Beispiele. Achte darauf, dass es sich für unterschiedliche Branchen um angemessene Beispiele handelt und diese zu dem jeweiligen Kunden passen, für den du präsentierst. Und in diesem Zusammenhang: sammle Beispiele, die du von Kunden selbst hörst. Das Vorgespräch ist dazu besonders hilfreich. Sofern du das Vertrauen der Entscheider gewonnen hast, geben sie dir oftmals detaillierte Einblicke in ihre Arbeitsweise bzw. in ihre Branche im Allgemeinen. Sei interessiert, frage nach und notiere diese Beispiele. Lasse diese Beispiele außerdem nicht auf Papier verweilen, sondern implementiere in deinem Team irgendeine Form von Daten-Management, sodass diese Beispiele im Detail gespeichert und so erhalten bleiben. Vertraue bloß nicht darauf, dass *„du dich schon daran erinnern wirst, wenn die Info gebraucht wird."*.

Liste der Teilnehmer
Frage vor deiner Präsentation außerdem nach einer Liste der Teilnehmer aus dem Unternehmen. Mit der Zeit erkennst du, in welchen Schemata beispielsweise Einkäufer oder Marketing-Leiter denken. Wenn du weißt, wer anwesend sein wird, kannst du deine Präsentation entsprechend anpassen.

Öffentlich zugängliche Informationen
Nutze darüber hinaus Presseveröffentlichungen oder Interviews, um eventuell mehr über diese Menschen zu erfahren. Nutze ferner LinkedIn oder Xing, um dich vorab mit den Entscheidern zu vernetzen – die Profile dieser Menschen enthalten oftmals weitere nützliche Informationen für deine Präsentation. Du kannst so aber auch auf Informationen sto-

ßen, die auf einen Nachteil deiner Präsentation hinweisen. Überlege dir anhand dieser Informationen Argumente, die du während des Vortrages bringen kannst, um die zu erwartende Kritik dieser Entscheider zu entkräften.

Entscheider als Teilnehmer
In diesem Zusammenhang: Glaubst du, dass Entscheider auf der Liste fehlen, die eigentlich mit dazu gehören? Dann bitte deine Kontaktperson, diesen Entscheider mit auf die Teilnehmerliste zu setzen. Immerhin kann es sein, dass der Organisator des Meetings schlicht jemanden übersehen hat. Traue dich also nachzufragen und habe auf Nachfrage eine kurze – und gute – Begründung für deinen Wunsch im Kopf.

Feedback zur Präsentation
Und noch ein Tipp, der jedoch etwas gewagter ist: Frage deine Kunden immer – egal ob du den Auftrag bekommst oder nicht –, was ihn an der Präsentation beeindruckt hat und was er sich noch gewünscht hätte. Selbstverständlich kann es sein, dass du an diesem Punkt harte Kritik schlucken musst. Niemand geht diesen Schritt gerne, auch wir nicht. Halte dich mit deinem Team aber dazu an, genau dies zu tun: die Eindrücke, die ihr auf diese Weise gewinnt, können unglaublich wichtig für eure nächste Präsentation sein.

Spezieller Tipp für den B2B-Bereich
Einen Tipp speziell für den B2C-Bereich wollen wir dir abschließend nicht vorenthalten: Richte Kommunikationskanäle für deine Nutzer ein. Sei beispielsweise auf LinkedIn oder Google Business ansprechbar oder auf einem anderen Medium, das Feedback von der Community zulässt. Sei auch auf diesen Kanälen aktiv, anstatt nur die Möglichkeit des Feedbacks zu erlauben. Ein Vorbild ist aus unseren Augen David Vonderhaar vom Entwicklerstudio Treyarch, einem wichtigen Player in der Gaming-Industrie. Vonderhaar ist der Game Design Director des Studios, antwortet beispielsweise auf Twitter regelmäßig auf Feedback der Nutzer und diese sehen in Präsentationen und Veröffentlichungen des Studios, dass ihr Feedback tatsächlich gehört wird.

3.5.2 Was in einer Präsentation vermieden werden sollte

Wo Licht ist, ist aber auch Schatten. Es gibt deshalb ein paar Punkte, die deinen Präsentationen nicht förderlich sind.

Unprofessionelles Auftreten
Beginnen wir mit einem in unseren Augen absoluten No-Go: unprofessionelles Auftreten. Folgendes solltest du insoweit beachten:

- Gehe in der Vorab-Organisation nicht auf Tauchstation. Unternehmen legen regelmäßig Wert auf einen möglichst reibungslosen Ablauf in ihren Prozessen. Wenn es beispielsweise um eine Antwort auf eine E-Mail geht, kann das Unternehmen von dir erwarten, dass du schnellstmöglich antwortest, auch wenn die Antwort nur lautet: *„Wir haben Ihre E-Mail dankend erhalten und bereiten bereits die von Ihnen angefragten Themen auf."*
- Erscheine am Tag der Präsentation nicht erst zehn Minuten vor Beginn oder komme gar zu spät. „Es war Stau!" darf keine Ausrede sein, du solltest ohnehin die Anfahrt mit großem Puffer planen. Nutze beim zeitigen Erscheinen dann gleich das Netzwerken mit dem Front Office (also beispielsweise dem Empfang). Die Personen, die an dieser Position arbeiten – und so häufig übersehen werden –, sind nicht selten ein wesentlicher Einflussfaktor bei Entscheidungen im Unternehmen, denn sie sehen beispielsweise eintreffende Start-ups „ungeschminkt". Sei freundlich zu den Angestellten und nutze die Zeit außerdem, um die Technik in Ruhe aufzustellen.
- Komm nicht in einem Outfit zum Termin, das lediglich cool wirken soll. Du bist bei einem offiziellen Geschäftstermin und insbesondere in Kontinentaleuropa erwarten die Teilnehmer, dass du dich entsprechend kleidest. Achte in diesem Fall außerdem auf etwas Wichtiges: schau im Vorgespräch, wie sich die Angestellten kleiden. Wir haben beispielsweise erlebt, dass ein hoher Entscheider im Bayern-München-Trikot erschienen ist. Das heißt natürlich nicht, dass du ebenso im Trikot erscheinen sollst. Aber es kann ein Hinweis sein, dass der

Kleidungsstil im Unternehmen eher casual ist. Zieh dich dann etwas legerer an, aber trotzdem noch so, dass man sieht: hier erscheinen Leute zu einem ernsthaften Business-Gespräch.
- Noch ein letzter Tipp: unterlasse High Fives, lautes Gelächter oder sonstige Verhaltensweisen, die bei Heranwachsenden beliebt sind, auch wenn es für dich gut gelaufen ist. Du vertrittst ein Start-up, das ernst genommen werden will. Feiern kannst du außerhalb der Sichtweite des Kunden.

Kümmere dich um deine Sachen
Weiter solltest du darauf achten, dass die Entscheider nicht deine Arbeit machen müssen. Das heißt:

- Du bist dafür verantwortlich, nach einem Follow-up-Termin zu fragen.
- Du bist dafür verantwortlich, die Präsentation voranzutreiben, wenn sie hängt oder wenn Entscheider nach Aufruf keine Antwort geben.
- Lasse generell nicht den Eindruck entstehen, dass du nicht weißt, wie du diesen Termin anzugehen hast. Selbst wenn du dir unsicher über den Ablauf bist, obwohl du dich vorab gut informiert hast: triff eine klare Entscheidung, was als nächstes kommen soll, und kommuniziere deine Entscheidung deutlich. In diesem Fall stehst du wesentlich besser da, als wenn du einen hilflosen Eindruck machst.
- Und vielleicht das Wichtigste: sage, was ihr leisten könnt und was nicht. Es ist nicht die Aufgabe der Entscheider auszuloten, was ihr konkret beim Unternehmen leisten könnt oder wo eure Grenzen liegen.

Besserwisser kommen nicht gut an
Sei auch nicht besserwisserisch – selbst wenn du es besser weißt. Versuche stattdessen, mit guten und nicht konfrontativen Worten einen bestimmten Punkt zu wiederholen. In aller Regel hat sich die Sache damit erledigt. Wenn du – in den wenigen Fällen, in denen das passiert – mit Sturköpfen aneinandergerätst, solltest du nicht auf deinem Standpunkt beharren, denn du weißt es selbst: das Unternehmen sitzt am längeren Hebel. Sei auch nicht passiv-aggressiv in dieser Situation, sondern stelle mit positiver Attitüde fest: *„An diesem Punkt liegen wir offenkundig mit unseren Meinungen auseinander. Wenn es für Sie passt, lassen Sie uns den*

Punkt für die Zeit nach der Präsentation aufbewahren, und folgen wir nun dem weiteren Argument, das wir darstellen möchten."

Verliebtsein in die eigene Präsentation
Schaden wird dir auch, wenn du zu verliebt in deine Präsentation bist (siehe Abschn. 3.3.2). Verwirf deshalb Teile davon, wenn es die Situation erfordert. Vielleicht hörst du von den Entscheidern, dass sie deine Team-Slides nicht sehen wollen, vielleicht sagen sie auch: *„Das Problem, dass Sie beschreiben, kennen wir zur Genüge. Kommen Sie bitte gleich zur Lösung."* Beharre dann nicht darauf, den Entscheidern trotzdem deine vorbereiteten Slides zu zeigen, weil *„Sie sonst etwas ganz Wichtiges verpassen"*. Wie eben schon gesagt: das Unternehmen sitzt am längeren Hebel und hat dir gerade – nett verpackt – gesagt, was es erwartet.

Umgang mit schwierigen Fragen
Schließlich empfehlen wir dir: gehe schwierigen Fragen nicht aus dem Weg. In manchen Fällen weißt du im Voraus, dass du mit einem oder mehreren Entscheidern Probleme bekommen wirst. Vielleicht siehst du während der Präsentation auch Entscheider, die dir demonstrativ zu verstehen geben, dass sie von deiner Präsentation schlicht nicht überzeugt oder gar genervt sind. Sprich Kritik oder Verhaltensweisen, die auf Desinteresse oder andere negative Einstellungen hinweisen, konkret an. *„Ich möchte kurz unterbrechen. Ich nehme wahr, dass Sie an einem Punkt ein Problem mit unserer Präsentation haben. Wir sind wirklich interessiert, Ihnen allen unseren bestmöglichen Vortrag zu liefern. Deshalb möchte ich fragen: können Sie uns Ihre Bedenken schildern?"* Du siehst, du bleibst sehr freundlich und bist nicht konfrontativ, aber zugleich gibst du deinem Hörer zu verstehen: *„So nicht".* Unabhängig davon, ob die Person im Recht ist oder nicht, Anstand musst du dir nicht erst verdienen. Unserer Erfahrung nach hat sich das Thema dann auch erledigt, wenn du den Mut hast, es anzusprechen. Und nicht zuletzt auch ganz wichtig: stell dich natürlich auch dann kritischen Fragen, wenn sie in vernünftiger Weise im Raum stehen. Wer mit kritischen Fragen umgehen kann, schafft automatisch Vertrauen.

3.6 Tipps für bessere Präsentationen für Kunden

Wir wissen natürlich, dass es bei Präsentationen vor möglichen Neukunden etliche Dinge zu beachten gibt. Daher möchten wir dir an dieser Stelle mit einem „Schnell-Check" helfen, in dem du die wichtigsten Punkte noch einmal zusammengefasst lesen kannst.

3.6.1 Besonderheiten bei der Art der Präsentation

Wenn es um die Art deiner Präsentation geht, also um das „Wie" geht, solltest du ein paar Besonderheiten beachten.

Mehrwert statt Merkmal
Schau nach, ob du in deiner Präsentation Merkmale wie „unser benutzerfreundliches User Interface", „eine Reduzierung um 50 % in der Datenverarbeitung" oder „eine garantierte Implementierung innerhalb von fünf Tagen" findest. Damit präsentierst du Features, die einem Kunden erst einmal nichts sagen. Nutze dein (neues) Wissen über Storytelling und übersetze die Merkmale deines Produktes in Mehrwerte (also in den konkreten Nutzen der Features für den Kunden). Simpel ausgedrückt: Was können Kunden nun besser, wenn sie diese Features nutzen?

Der Kunde ist mehr als eine Nummer
Wir merken es Präsentationen an, ob ein Start-up wirklich Interesse an dem Kunden hat, gegenüber dem es gerade präsentiert, oder nicht. Die Konsequenz: wenn der Kunde sich nicht wertgeschätzt fühlt, gibt er dir auch keine Wertschätzung zurück. Versetze dich daher in den Kopf deines Kunden, während du intern deine Präsentation vorbereitest. Frage dich:

- Was will dieser konkrete Kunde eigentlich?
- Was für ein drängendes Problem in seinen Prozessen besitzt er (im B2B-Bereich)?

- Welchen Genuss möchte er sich mit dem Kauf erfüllen (im B2C-Bereich)?
- Welche Informationen zur Firma entnimmst du der Presse?
- Welche Infos hast du zu einer bestimmten Position im Unternehmen, zum Beispiel der neuen Geschäftsführerin?
- Was ist in der konkreten Unternehmenskultur möglich, was nicht, und kannst du bei einem „verbotenen Thema" trotzdem Interesse beim Kunden wecken?

Unser finaler Tipp hierzu: nutze die Möglichkeit eines Vorgespräches wann immer möglich, um deine Präsentation, soweit es geht, für den Kunden zu personalisieren.

Selbstvertrauen anstatt Dauerkritik
Selbstverliebtheit ist eine der Sünden, die wir in diesem Kapitel beschrieben haben. Selbstvertrauen hingegen ist eine Eigenschaft, die dir Zeit spart und Vertrauen beim Kunden einbringen wird.

- Vermeide es bei Teambesprechungen, jeden unwichtigen Punkt tot zu reiten.
- Knicke nicht vor jeder Kritik deiner Community ein (hier reden wir insbesondere vom B2C-Bereich).
- Wenn du zufrieden mit der Art deiner Präsentation bist, betreibe kein Gold Plating – verschwende also keine Zeit damit, Dinge zu verbessern, die niemandem außer dir auffallen werden.

Sei also kritisch in einem vernünftigen Maß, sei aber auch stolz auf deine Präsentation. Dein Kunde wird das unbewusst merken.

3.6.2 Besonderheiten bei den Inhalten der Präsentation

Zu Inhalten in Präsentationen haben wir schon viel gesagt. Die nachfolgenden Punkte sind dabei besonders wichtig und sollten von dir auf jeden Fall beachtet werden.

Was ist das Ziel?
Du stehst vor einem Kunden und hältst eine Präsentation vor der ersten Runde an Entscheidern: was ist dein realistisches Ziel? Und welche Ziele – sprich: Meilensteine – bleiben dann für deine weiteren Präsentationen vor demselben Kunden übrig?

Smart statt Hard Selling
Wenn du dir realistische Ziele für Präsentationen vor Kunden setzt – gerade im B2B-Bereich –, dann sollten diese nicht sein, dass du in deiner Präsentation versuchst, mit der sprichwörtlichen Brechstange einen Kunden zu gewinnen. Sei stattdessen clever und positioniere dich mit deiner Präsentation bewusst anders als etliche andere Start-ups (und Unternehmen anderer Größe):

- Kenne die Ziele deines Kunden.
- Kenne deine Ziele für diesen Meilenstein.
- Strukturiere deine Präsentation gemäß diesen Informationen.
- Frage am Ende deiner Präsentation nach dem nächsten Schritt (also deinem nächsten Ziel).
- Im B2B-Bereich: hake beim aktuellen Entscheider nach, welche Inhalte diejenigen Personen, die im Rahmen des nächsten Meilensteins eine Rolle spielen werden, am meisten interessiert. So hast du dann bereits einen gehörigen Teil deines Inhaltes für die nächste Präsentation erfahren.

Literatur

Dudenredaktion (Hrsg.). (2019). Psychologie. Duden online. https://www.duden.de/node/116139/revision/116175. Zugegriffen am 25.01.2021.
Grytzmann, O. (2020). *Storytelling im Vertrieb*. Wiesbaden: Springer Gabler.

4

Präsentation vor Geschäftspartnern

Präsentationen vor Geschäftspartnern haben einen anderen Fokus als Präsentationen vor Kunden – hier steht die Weiterentwicklung von Geschäftsbeziehungen im Vordergrund. Aus diesem Grund solltest du bei Präsentationen vor Geschäftspartnern ein paar besondere Aspekte beachten, die wir dir nachfolgend erläutern wollen.

4.1 Das Ziel der Präsentation

Wie schon gesagt, geht es bei Präsentationen vor Geschäftspartnern um den nächsten Schritt eurer Geschäftsbeziehung. Dieses allgemein formulierte Ziel sollte deshalb im Fokus von dir und deinem Team stehen. Blindes Hoffen auf irgendeinen nächsten Meilenstein, den du selber nicht genau kennst, macht keinen Sinn. Wichtig ist vielmehr das Vorausplanen: *„Welchen nächsten Schritt wollen wir mit der Präsentation im Hinblick auf die Geschäftsbeziehung erreichen? Und wenn wir dieses Ziel definiert haben: wie muss die Präsentation dann in ihren Einzelteilen aussehen?"*

Eine typische Abfolge von nächsten Schritten im Zusammenhang mit KMUs bzw. Konzernen sieht beispielsweise so aus:

- Die erste Präsentation soll nachhaltiges Anfangsinteresse beim möglichen Geschäftspartner wecken. Grundinteresse ist ohnehin da, wenn du zu einem Termin eingeladen wirst. Diese anfängliche Neugier kann aber schnell verfliegen. Am Ende der ersten Präsentation sollte daher in der Regel der Entschluss auf Seiten der Entscheider stehen, dass diese mit dir weiter in Kontakt bleiben wollen. Nicht ausreichend ist deshalb folgende Aussage des Geschäftspartners: *"Wir sind soweit zufrieden, lassen Sie uns weiter in Kontakt bleiben"*. Wenn die Aussage so stehen bleibt und du nicht aktiv wirst, gehst du nämlich wieder zurück in dein Büro und wartest geduldig, bis sich der potenzielle Partner bei dir meldet – und das kann lange dauern (oder gar nicht passieren). In dieser Situation solltest du also nachhaken: *"Die Produktion unseres Prototypen erreicht in drei Monaten ihren nächsten großen Meilenstein. Macht es für Sie Sinn, dass wir dann nochmals hier zusammenkommen?"* Lege den nächsten Schritt konkret fest, verlasse dich nicht auf Versprechungen.
- Deine zweite Präsentation kann als Meilenstein beispielsweise ein singuläres Gemeinschaftsprojekt zum Ziel haben. Du hast schon nachhaltiges Interesse geweckt – was steht nun einem ersten, gemeinsamen Projekt im Weg? Dieser nächste Schritt erscheint konsequent und wenn dein Start-up diesen Weg gehen will, stelle sicher, dass deine zweite Präsentation inhaltlich genau auf dieses Ziel ausgerichtet ist.
- Deine dritte Präsentation steht in der Regel dann an, wenn du beim gemeinsamen Projekt mit dem Geschäftspartner bereits viele Vertrauenspunkte gesammelt hast. Die Stimmung sollte nun auf beiden Seiten gut sein und das Ziel dieser Präsentation kann sein zu zeigen, warum der Geschäftspartner über mehrere Projekte hinweg mit deinem Start-up zusammenarbeiten sollte. Behalte dir an dieser Stelle auch den Fokus bei und richte die Präsentation an den Themen aus, die deinen Geschäftspartner in diesem Zusammenhang interessieren könnten:
    - Wie viele Ressourcen (Personal & Materialien) können langfristig für die Projektarbeit zur Verfügung gestellt werden?
    - Wie flexibel kann dein Start-up auf neue Anforderungen an das Projekt reagieren? Arbeitet dein Start-up also mit einem „Puffer",

mit dem du unerwartete Entwicklungen „abfedern" kannst oder arbeitet dein Team durch das Projekt am Limit seiner Möglichkeiten?
– Warum eignet sich genau dein Start-up für diese langfristige Zusammenarbeit und was sind die Vorteile für den Geschäftspartner, aber auch für dein Start-up (sei insbesondere bei dem letzten Punkt ehrlich).
– Wie stellt sich dein Unternehmen die Zusammenarbeit konkret vor (Themen könnten hier sein: Nutzung von gemeinsamen Ressourcen, Verteilung von Gewinnen, gemeinsame Marketing- und Vertriebsstrategien, gemeinsame Nutzung von Rechten wie Marken und Patenten, Folgen der Erreichung eines Projektabschlusses).

4.2 Erwartungshaltungen von Geschäftspartnern

Bedenke bei der Erwartungshaltung von Geschäftspartnern, dass vor allem größere Unternehmen strategisch planen. Wenn du mit deinem Team vor einem Geschäftspartner präsentierst, tust du also gut daran, eine Lösung in petto zu haben, welche seine langfristige, strategische Planung unterstützt. Denn das Angebot einer Projektzusammenarbeit, welche den Fokus komplett von der eigentlichen Strategie des Partners wegzieht, bedeutet für ihn zugleich ein Risiko. Ressourcen würden ihm dann für seine eigenen Themen fehlen, was den Erfolg seiner Unternehmensstrategie gefährden und darüber hinaus noch nicht einmal garantieren würde, dass die Neufokussierung mit deinem Team erfolgreich enden wird. Hier zeigt sich einer der größten Unterschiede eines Start-ups zu einem gewachsenen Unternehmen: der Umgang mit Risiko. Du und dein Team begrüßen wahrscheinlich berufliche Risiken, Unternehmen scheuen diese eher. Behalte diesen Unterschied in der jeweiligen Unternehmenskultur stets fest im Blick.

„Wie erfahre ich aber, welche langfristige Strategie ein Unternehmen auf seinem Markt verfolgt?", wirst du nun fragen. Dazu haben wir dir in den vorherigen Kapiteln schon Hinweise gegeben: Wir empfehlen dir das Vorab-Gespräch und öffentlich zugängliche Daten wie Interviews, Web-

seiten und Profile. Bei einem Vorgespräch nachhaken, empfehlen wir stets an erster Stelle. Du bekommst so Informationen aus erster Hand und zeigst zugleich den Entscheidern, wie wichtig dir eine erfolgreiche Präsentation ist.

Denke trotzdem auch an Informationen aus der Presse: hat der Geschäftsführer gewechselt? Gibt bei dem Unternehmen Neuausrichtungen hinsichtlich Märkten oder Produkten? Betrachte außerdem die Produktpalette des Unternehmens: welche Entwicklung erkennst du beim Betrachten und worauf könnte diese Entwicklung künftig hinauslaufen? Wie sieht es mit Zukäufen von Unternehmen aus – ergibt sich daraus eine Strategie des potenziellen Geschäftspartners? Aus diesen Überlegungen, die du am besten gemeinsam mit deinem Team anstellen solltest, ergeben sich zwangsläufig Ansatzpunkte für die Zusammenarbeit.

Bedenke an dieser Stelle unbedingt: In vielen Fällen macht es für ein gewachsenes Unternehmen nicht immer Sinn, jede strategische Nische im Markt abzusichern. Unter Umständen ist nämlich der Aufwand, diese Nische zu besetzen, sehr hoch und steht in keinem Verhältnis zum Ertrag oder sonstigen Vorteilen. Dies kann jedoch deine Chance sein. Auf der einen Seite übernimmt vielleicht dein Start-up das Risiko, diesen Nischenmarkt zu besetzen: ihr habt die entsprechenden Prozesse schon am Markt etabliert, ihr habt das Zeit-Investment getätigt, um eine Lösung vorzubereiten, und ihr möchtet das fertige Produkt bzw. die fertige Dienstleistung auf den Markt bringen. Der Geschäftspartner ist in diesem Szenario erst einmal weitgehend vor Risiko abgesichert. Auf der anderen Seite kann auch in einem kleinen Markt eine „Business Opportunity" bestehen, die vielleicht dem Geschäftspartner noch nicht klar ist. Fülle in diesem Fall deine Präsentation mit belastbaren Inhalten, die dem potenziellen Partner das Vertrauen geben, dass ihr die Richtigen seid, um gemeinsam diesen lohnenden Markt anzugehen.

4.3 Psychologische Elemente

Grundlegend solltest du im Kopf behalten, dass Unternehmen mittel- und langfristig regelmäßig eine der beiden folgenden Strategien verfolgen: das Wachstum soll maximiert werden und dafür wird Geld ausgegeben, oder der Gewinn soll basierend auf vorhandenen Ressourcen maximiert werden. Maximierung von Wachstum oder Gewinn, das sind die beiden psychologischen Grundeinstellungen, denen du bei einem möglichen Geschäftspartner in der Regel begegnest. Dies solltest du berücksichtigen, wenn du eine Präsentation abhältst. Denn deckt sich deine Priorität nicht mit der des potenziellen Geschäftspartners, dann wird dessen Interesse schnell schrumpfen.

Unterschiede im Weltbild
Habt als Start-up-Team auch im Sinn: ihr seid als junges Unternehmen normalerweise darauf aus, einen möglichst großen Wandel auf einem Markt herbeizuführen. Ein Hang zum Risiko gehört zur Start-up-DNA. Die psychologische Falle, die in diesem Gedankengang steckt und in die du nicht fallen darfst: schließe nicht von euch auf den potenziellen Geschäftspartner. Entscheider in etablierten Unternehmen wollen Risiko managen, anstatt begrüßen. Versuche deshalb nicht, Entscheider eines großen Unternehmens in ihrem Weltbild zu verändern. Das Unternehmen und die Stellung, die dieses auf einem Markt einnimmt, diktieren zu einem großen Teil das Verhalten der Unternehmensleitung. Entscheider werden vielmehr ihre internen und gewachsenen Prozesse dir gegenüber verteidigen – egal ob diese Verteidigung der Situation angemessen ist oder nicht. Stelle dich also darauf ein und gib zu verstehen, dass du damit umgehen kannst. Denke auch immer daran, dass es einen Grund dafür gibt, dass der potenzielle Geschäftspartner bislang erfolgreich war. Das einfach so beiseite zu wischen, sorgt meistens für Irritationen oder gar Abneigung.

> **Carsten sagt**
> Gerade diese Mentalitätsunterschiede zwischen Start-ups und mittelständischen Unternehmen stellen Kooperationen regelmäßig vor große Herausforderungen. Sei dir dieser Herausforderungen bewusst und gehe an sie mit entsprechendem Respekt heran. Im Rahmen deiner Präsentation solltest du dies entsprechend berücksichtigen.

Der große Preis
Und noch etwas: ein großes Unternehmen ist nicht in jedem Fall ein Preis, den man gewinnen muss. Ein Präsentationstermin bei einem großen Unternehmen ist natürlich eine Riesensache. Denke aber dann nicht automatisch, dass du nun am kürzeren Hebel sitzt und deshalb Zugeständnisse machen musst. Verstehe uns nicht falsch: dass du dir eine Strategie für die erste Präsentation zurechtlegst, ist vollkommen in Ordnung. Dass du dir ferner darüber Gedanken machst, was für dich akzeptabel ist und was nicht, ist klug. Es ist aber weniger klug, von vorneherein anzunehmen, du müsstest Zugeständnisse machen – auch solche, die für dich unangenehm sind –, um überhaupt weiter mit dem größeren Unternehmen in Kontakt bleiben zu können. Du hast stattdessen immer die Wahl zu sagen: *„Die von Ihnen vorgeschlagenen Voraussetzungen für den nächsten Schritt passen für uns so noch nicht. Wir sind aber sehr gerne bereit, mit Ihnen nach einem alternativen Vorschlag zu suchen, den beide Seiten akzeptieren können"*. Habe stets klar vor Augen, dass ihr auch als Start-up ebenso einen Mehrwert für die zukünftige Zusammenarbeit mitbringt wie der potenzielle Geschäftspartner. Nimm dies als psychologische Stärkung und sage bewusst Nein, wenn du mit den Bedingungen noch nicht zufrieden bist. In vielen Fällen bringt dir eine klare Haltung – sofern diese professionell (also vernünftig) vorgetragen wird – Respekt auf Seiten der Entscheider ein. Natürlich gehst du mit einer klaren Haltung wie dieser auch ein Risiko ein – das Risiko nämlich, dass es zu einem nächsten Schritt mit dem Unternehmen nicht mehr kommen wird. Habe aber immer im Hinterkopf: wenn die Rahmenbedingungen nicht passen, ist der Partner nicht der richtige für dich.

Vergangene Erfolge sind Vergangenheit
Und noch einen letzten Punkt wollen wir ansprechen: vergangene Erfolge deines Start-ups besitzen oftmals nur geringes Gewicht, wenn es um zukünftige Projekte mit einem Geschäftspartner geht.

> *Beispiel*
>
> *Ein Start-up hat mit der ersten Version seiner innovativen Software einen riesigen finanziellen Gewinn eingefahren. Nun soll mit einem Geschäftspartner ein neuer Geschäftszweig mithilfe der Software etabliert werden. Die Gründer bauen dabei auf die Strahlkraft des Erfolges im ersten Projekt.*

Die Gründer unterliegen jedoch mehreren Denkfehlern: „*Unser erstes Projekt war ein Erfolg und der Geschäftspartner wird schon wissen, wie er erfolgreiche Start-ups (also uns) vom Rest unterscheiden kann.*".
Kein vorheriges Projekt spricht für sich selbst. Wenn ein Start-up ohne Kontext auf ein vorheriges Projekt verweist, sehen Geschäftspartner (oder andere Zielgruppen) erst einmal nur, dass sich im Rahmen dieses vorherigen Projektes ein Erfolg eingestellt hat. Für die Beurteilung des neuen Projektes fehlen jedoch wichtige Informationen:

- Wie war die Marktlage damals?
- Welche Entscheidungen hat das Start-up aufgrund dieser Marktlage getroffen?
- Wie sah die Software am Ende aus?
- Wie hat das Start-up die Software auf den Markt gebracht?
- Und warum soll das Folgeprojekt erfolgreich sein?

Merke dir: ein Erfolg deines Start-ups in der Vergangenheit sagt erst einmal gar nichts darüber aus, ob du diesen Erfolg wiederholen kannst. Ruhe dich also nicht auf der Vergangenheit aus, sondern nutze die Vergangenheit für den scharfen Blick auf das neue Ziel und biete entsprechende Informationen:

- Das waren die Stärken, die unsere Software beim ersten Projekt erfolgreich gemacht haben.
- Wenn wir uns die veränderten Marktverhältnisse ansehen, ist dies unser Vorschlag für die neue Software.
- Und hier sind unsere wohlüberlegten, belastbaren Annahmen, wieso der Markt tatsächlich empfänglich ist für diese neue Art von Software.

Kenntnis des Geschäftspartners
Und zu denken, dass der Geschäftspartner schon wisse, was ein erfolgreiches Start-up ausmacht, ist mehr als gewagt. Ein Geschäftspartner hat weder das Interesse noch die Verpflichtung, sich über ein Start-up Gedanken zu machen. Du willst das Projekt und es ist damit deine Aufgabe in einer Präsentation, den belastbaren, detaillierten Plan für ein

gemeinsames Projekt mit dem potenziellen Geschäftspartner aufzuzeigen. Je mehr Verantwortung du für das Erreichen eines Projekterfolgs übernimmst, desto mehr Kontrolle besitzt du über das Ergebnis deiner Präsentation. Wenn deine Präsentation dagegen wenig mehr ist als ein Fingerzeig auf vergangene Erfolge, dann bleibt es dem Geschäftspartner überlassen, die Erfolgsaussichten des neuen Projektes zu beurteilen.

Was nicht gut gelaufen ist
Eine abschließende Empfehlung: sprich in deiner Präsentation auch Themen an, die beim vorherigen Projekt noch nicht optimal gelaufen sind. Entscheider wissen normalerweise sehr gut, an welchen Stellen die Zusammenarbeit mit euch gut funktioniert hat und an welchen nicht. Diese anzusprechen zeigt, dass du kritisch reflektieren kannst, und du hast so die Chance, Verbesserungsvorschläge aufzuzeigen für das neue Projekt. Du erarbeitest dir so Vertrauen für die weitere Zusammenarbeit.

4.4 Storytelling-Elemente

Storytelling für Geschäftspartner fußt auf dem Grundgedanken „Mehrwert anstatt Features". Features sind ein kontextloses Merkmal eines Produktes bzw. einer Dienstleistung. Mehrwerte sind dagegen die Übersetzung dieser Features in einen konkreten Nutzen, den ein Anwender im beruflichen Alltag erkennt.

Für wen ergibt sich ein Nutzen
Transportiere diesen Nutzen in Form von klaren, geistigen Bildern – also in Form einer Story. Stelle dir in diesem Kontext stets die Frage, für wen sich ein Nutzen ergibt. Die Geschichten in deiner Präsentation sprechen stets aus der Perspektive eines bestimmten Charakters, beispielsweise des Konsumenten, Einkäufers, Produktleiters, Marketing-Experten oder HR-Verantwortlichen, und eben diesen Personen kommt der Mehrwert zugute, den du in deiner Story ausdrücken willst. In die-

sem Kontext ist ein Punkt besonders wichtig: Zeige, dass du die Sichtweise – also die Perspektive der Person, die du mit deiner Story einnimmst – tatsächlich begreifst und nicht wie der sprichwörtliche Blinde von der Farbe sprichst.

> **Beispiel**
>
> *Dein Start-up entwickelt Systeme, um die Risiken in einem Geschäftsmodell zu antizipieren, in der Folge zu managen und die Gefahrenquelle idealerweise an der Wurzel zu beseitigen – und all dies, ohne den laufenden Geschäftsbetrieb zu beeinträchtigen. Wenn du nun vor Entscheidern präsentierst, sitzt da sehr wahrscheinlich auch der Einkäufer mit im Raum. Soll deine Story diese Person überzeugen, solltest du seine Rolle wirklich verstehen.*

Sei dir beispielsweise bewusst, dass du beim Einkäufer mit deiner Lösung geradewegs auf zwei Probleme zu rennst: deine Systeme generieren erst einmal keinen Umsatz und sparen zunächst auch kein Budget ein. Auf den ersten Blick hast du einem Einkäufer also nichts Wesentliches anzubieten. Natürlich ist es auch Aufgabe eines Einkäufers, nach Lösungen für die mittel- und langfristige Prozessverbesserung Ausschau zu halten (das ist Textbuch-Wissen[1]), aber selbstverständlich „menschelt" es auch im Einkauf auf psychologischer Ebene. Der Einkäufer des Geschäftspartners wird sich sehr genau überlegen, ob er sich hinter dein Folgeprojekt stellt, da er eine gute Begründung für seinen Support gegenüber seinen Vorgesetzten benötigt. Vielleicht hat er sich schon im letzten Quartal für ein Projekt eingesetzt und ist dabei auf großen Widerstand gestoßen ist. Vielleicht ist der Einkäufer von deiner Story und deiner Gesamtpräsentation sogar überzeugt, braucht aber mit Blick auf seine Ziele, nach denen er beurteilt wird, einen schnellen Erfolg. Der Nutzen für Entscheider ist also auch immer von zwischenmenschlichen, psychologischen „Spielchen" geprägt, über die du wenig Kontrolle hast (und auf die in vielen Fachbüchern auch nicht eingegangen wird). Du

---

[1] *Beschaffungs- und Einkaufsmanagement.* In: **Integrierte Materialwirtschaft und Logistik.** VDI-Buch. Springer, Berlin, Heidelberg, 2007, S. 105.

aber kannst in der Story deiner Präsentation der Nutzenargumentation eine Stimme geben:

> **Beispiel**
>
> *„Frau Einkäuferin, wir wissen, dass sich auf den ersten Blick für Sie aus unserem System kein Gewinn und auch keine Einsparung als sofort zu generierender Mehrwert ergibt. Aber wissen Sie was: es gibt dennoch einen Nutzen für Sie als Einkäuferin, der vielleicht nicht gleich offensichtlich ist. Diesen möchten wir Ihnen nun präsentieren."*

> **Oliver sagt**
>
> Überlege dir, vor welchen Entscheidern du in der Regel präsentierst und fertige dir für diese Positionen in einem Unternehmen jeweils eine permanente Liste an. Notiere dir auf diesen Listen, nach welchen Kennzahlen ein jeweiliger Entscheider beurteilt wird und welche psychologischen Faktoren außerdem Einfluss auf diese Person ausüben, während du präsentierst. Erweitere diese Liste beständig durch deine Erfahrungen. Du erhältst durch diese Liste einerseits einen zusätzlichen Leitfaden für deine Präsentation und außerdem eine Check-Liste für ein Vorgespräch mit diesen Entscheidern.

Vertrauen und Sicherheit

Du siehst: wir kommen wieder und wieder auf das Thema Vertrauen zurück. Präsentationselemente wie diese zeigen den Entscheidern, dass du für sie mitdenkst. Dadurch schaffst du Vertrauen, weil du dem Entscheider Sicherheit vermittelst und so das Gefühl der Risikominimierung herbeiführst. Präsentiere also stets Nutzen anstatt Features und dies in Form einer Story – und lasse dich nicht allein von Theoriewissen in der Gestaltung deiner Präsentation leiten.

4.5 Typische Fehler aus der Praxis

Auch bei Präsentationen vor Geschäftspartnern werden gerne Fehler gemacht. Ein paar der verheerendsten wollen wir dir nachfolgend vorstellen.

4.5.1 Das nächste Projekt

Es wird nicht darauf geachtet, dass das nächste Projekt oftmals schon mit dem Erfüllen des ersten beginnt und dies wird nicht im Rahmen von Präsentationen beachtet. Wenn ihr mit eurem Geschäftspartner zusammen an einem Projekt arbeitet, dann frage dich: Welche Entscheider widmen euch ihre Zeit und kommunizieren mit euch auch außerhalb der festgelegten Agenda? Bei diesen Menschen kannst du davon ausgehen, dass ihr ihr Vertrauen gewonnen habt. Sehr häufig werden dir solche Entscheider auch Informationen über das innere Wirken des Geschäftspartners anvertrauen, die dir ansonsten vorenthalten worden wären. Sei dankbar für diesen Vertrauensbeweis und behandele diese Informationen mit der erwarteten Vertraulichkeit. Nutze diese Informationen aber auch, um eine bessere Präsentation zu gestalten. Immerhin haben dir eure Supporter diese neuen Details zukommen lassen, um das (Folge-)Projekt zu unterstützen. Stelle also sicher, dass deine Präsentation eben auf diese Schwerpunkte hin ausgerichtet ist und zeige, dass du aus erhaltenen Informationen die richtigen strategischen Entscheidungen ableiten kannst.

Und noch ein Punkt sollte von dir in diesem Zusammenhang beachtet werden: wer spricht mit wem bzw. – noch interessanter – wer vermeidet es, mit wem zu reden? Wir haben es schon oft erlebt: Die Menschen in einem Unternehmen, die sich für eine Veränderung der Struktur einsetzen, sind nicht selten die Außenseiter. Dies kann ein Nachteil sein, da gerade die veränderungswilligen Entscheider zu deinen Unterstützern gehören. Achte im Vorgespräch, vor bzw. nach der Präsentation – und natürlich auch während dieser – darauf, wie gut deine Supporter in den Entscheiderkreis eingebunden sind. Häufig wirst du bereits an der Körpersprache merken, wie die einzelnen Unternehmenslenker zueinanderstehen: Grüppchen werden gebildet, ein Geschäftsführer sägt einen Vertriebsleiter mitten im Satz ab, wer springt wem in der Diskussion beiseite etc. Achte also nicht nur darauf, was Leute sagen, sondern vor allem auf das, was sie tun. Leite daraus deine Strategie für deine Präsentation ab, zeige beispielsweise den Nutzen für die Zweifler auf und gib deinen Unterstützern Argumente an die Hand, damit diese glänzen können.

4.5.2 Alle wollen das Gleiche

Ein weiterer Fehler ist es zu glauben, was für mich gilt, gilt auch für den Geschäftspartner. Stelle dir dazu ein Gründerteam vor, das in seiner Präsentation vor dem Geschäftspartner sagt: *„Wir sind von unseren Fähigkeiten und der Fähigkeit unserer Software überzeugt und in Kombination mit Ihrer Vertriebsstärke wird das Projekt ein Erfolg".* Was wird sich ein möglicher Geschäftspartner nun denken? Wahrscheinlich etwas wie: *„Ach so, weil die von sich so überzeugt bin, sollen ich und vor allem der Markt das plötzlich auch sein?"*

Verfalle nicht in dieses falsche Denkmuster. Dass du von einem (Folge-)Projekt überzeugt bist, heißt für einen Geschäftspartner erst einmal gar nichts. Behalte dir vielmehr immer einen gesunden Rest an Selbstzweifel, der dich zum wiederholten kritischen Nachdenken über dein Projekt anhält. Dies gilt insbesondere dann, wenn du emotional stark an ein Projekt gebunden bist.

4.6 Dos and Don'ts

Wir wollen dir nun noch ein paar Tipps mitgeben, auf was du besonders achten solltest, wenn du vor potenziellen Geschäftspartnern präsentierst.

4.6.1 Tipps mit positiven Auswirkungen

Passt der Geschäftspartner zum Start-up
Teste vom ersten Vorgespräch an, ob dein Start-up mit dem anvisierten Geschäftspartner auf menschlicher Ebene wirklich zusammenpasst. Selbstverständlich spielen bei einer Projektpartnerschaft das Know-how, die Reichweite bzw. der Marktanteil des Partners wesentliche Rollen – aber bringen diese Mehrwerte deinem Start-up etwas, wenn du mit der Führungsebene des möglichen Partners überhaupt nicht auskommen kannst? Mit der Produktionsleiterin eines Unternehmens mögen sich dein Team und du großartig verstehen, aber wann immer du in Kontakt mit dem Geschäftsführer kommst, behandelt er dich vielleicht von oben

herab und sieht dich nur als simplen Erfüllungsgehilfen seiner Unternehmensvision. Versuche solche negativen Eindrücke, die du möglicherweise bei einem Partner gewinnst, nicht zu ignorieren, sondern stelle schon bei den ersten Schritten die klare Kalkulation auf: gewinnen wir durch den Partner mehr, als wir durch den Stress mit manchen Entscheidern verlieren?

Planung der Exit-Strategie
Plane zudem deine Exit-Strategie im Voraus – und in Zusammenarbeit mit deinem Partner. Je konkreter deine Präsentationen für den Geschäftspartner werden – weil der Stand der Verhandlungen voranschreitet –, desto dringender wird für dich die Notwendigkeit, einen konkreten Leitfaden vorzulegen, was im Falle eines (vorzeitigen) Endes der Kooperation geschehen kann. Folgende Fragen sollen dir beispielhaft zeigen, was wir meinen:

- Was passiert mit den Investments, die für das Projekt getätigt wurden?
- Wie regelst du mit dem Partner den gewonnenen gemeinsamen Kundenstamm?
- Kannst du dich mit dem Partner auf ein zeitlich befristetes Wettbewerbsverbot (Non-Compete Clause) einigen – oder unterlässt du bewusst ein Drängen auf eine solche Klausel?

Die Strategie des Geschäftspartners
Denke außerdem in deinen internen Besprechungen darüber nach, welche Rolle dein Projektvorschlag für die allgemeine Strategie des Geschäftspartners spielen kann: Unterbreitest du in deiner Präsentation den Vorschlag, ein neues Geschäftsfeld zu eröffnen, oder siehst du das Projekt als Komplementierung der bestehenden Produktpalette des Geschäftspartners? Offenkundig ist das Eröffnen eines neuen Geschäftsfeldes für den Partner mit mehr Risiko behaftet und deine Präsentation muss auf der Überzeugungsseite stärker aufgestellt sein als im zweiten Fall. Wenn du im Vorfeld derart strategisch denkst und im Anschluss auch so präsentierst, machst du nicht zuletzt auch den Synergieeffekt für beide Unternehmen besonders klar – und je mehr konkreten Wert du und das Partnerunternehmen gegenseitig im anderen sehen, desto wahrschein-

licher wird die Tatsache, dass die Projektpartnerschaft langfristig ausgelegt sein wird.

4.6.2 Was in einer Präsentation vermieden werden sollte

Erfolg definieren
Vergiss in deiner Präsentation nicht, klar festzuhalten, was „Erfolg" für dich und dein Team in diesem Projekt bedeutet. Stecke dieses Ziel bereits in deiner ersten Präsentation ab. Zum einen zeigst du so dem Geschäftspartner den „Return on Investment", zum anderen wird für beide Seiten greifbar, welche Investments in Zeit, Personal und andere Ressourcen dieses Projekt wahrscheinlich benötigt, und schließlich kann so geklärt werden, ob die Erwartungshaltungen von dir und deinem potenziellen Geschäftspartner in Einklang stehen. Denke daran, dass du die Deutungshoheit über den Begriff „Erfolg" an den Geschäftspartner abgibst, wenn du „Erfolg" in deiner Präsentation nicht selbst definierst. Dessen Vorstellung eines erfolgreichen neuen Produktes kann sehr leicht von deiner abweichen und dies kann zu einem späteren Zeitpunkt zu Streit führen.

Keine Konzentration auf den Geschäftspartner
Verlagere nicht den Großteil deines operativen Geschäfts ohne Weiteres auf die Bedürfnisse des Kooperationsprojektes. Wir verstehen, dass für dich und dein Team eine Kooperation mit einem großen und bekannten Unternehmen einen Durchbruch darstellt. Für den Lebenslauf deines jungen Unternehmens ist diese Zusammenarbeit wie eine Adrenalinspritze. Wecke aber dennoch in deiner Präsentation nicht die Hoffnung beim Geschäftspartner, dass du deine kompletten Ressourcen (oder einen massiven Teil hiervon) in das Projekt stecken wirst, wenn du nur das Okay von den Entscheidern bekommst. Dein Start-up schränkt sich massiv in seinen unternehmerischen Möglichkeiten ein, wenn es sich ausschließlich auf diesen einen Partner fokussiert und ihm dies auch zeigt. Wenn dir nur eine Möglichkeit bleibt, die du darüber hinaus selbst herbeigeführt hast, schränkst du deine Möglichkeiten stark ein. Dazu kommt die Frage der übrigen Bestandskunden: könnt ihr diese noch in

der Qualität bedienen, wie dies ohne das Projekt mit dem Geschäftspartner der Fall gewesen ist? Plane hier sehr genau mit euren Ressourcen, sodass du keinen Kunden erbost oder sogar verlierst, nur weil du dich von der Geschäftspartnerschaft und ihren Möglichkeiten hast blenden lassen.

Definition der roten Linie
Vergiss nicht, eine rote Linie für dich zu definieren, deren Überschreiten für dich das Ende der Verhandlungen bedeutet. Insbesondere gilt: je mehr du investiert hast, desto weniger möchtest du etwas verlieren – auch wenn diese Strategie nicht immer logisch ist. Wir haben es aber schon mehrfach in diesem Buch gesagt: du brauchst ein Ziel, denn nur wenn du ein solches klar vor Augen hast, weißt du auch, wie dein jeweils nächster Schritt lauten soll. Ein klares Ziel hilft also, Zeit nicht zu verschwenden. Genau dasselbe gilt, wenn du mit deinem Team klarmachst, wann ihr aus der Verhandlung aussteigt – und du dies im Verlauf einer Präsentation kommunizierst. Wenn du keine rote Linie definiert hast, wirst du sehr wahrscheinlich auch dann noch in einer Verhandlung sitzen bleiben, wenn du schon das Gefühl hast: *„Das ist nichts für uns"*. In unseren Augen ist das eine natürliche Konsequenz: was du nicht klar definiert hast, darüber lässt sich sehr leicht hinweggehen. Habe also einen Punkt, an dem du eindeutig sagst: *„Das ist unser Ausstieg"*. Du sparst dir so viel Zeit und vielleicht sogar Vertragsabschlüsse, die euch sonst lange mit stressigen Verpflichtungen belasten würden.

4.7 Tipps für bessere Präsentationen vor Geschäftspartnern

Wenn du eines aus diesem Kapitel mitnimmst, dann ist es der Fokus auf die Vorbereitung und Planung deiner Präsentation. Mehr noch als bei Präsentationen für Kunden spielt dies bei Präsentationen vor Geschäftspartnern eine Rolle. Damit du dieses Kapitel schnell wiederholen kannst, folgt hier nun wieder ein „Schnell-Check".

4.7.1 Besonderheiten bei der Art der Präsentation

Weiter auf dem Weg statt Revolution
„Wir revolutionieren den Umgang mit X ... " – dieser eine Satz kann deine Präsentation vor Geschäftskunden zum Scheitern bringen. Etablierte Unternehmen haben über Jahre daran gearbeitet, funktionierende Prozesse für sich zu entwickeln. Wenn sie dann von dir etwas über Revolution hören, denken sie sich oftmals: *„Auf gar keinen Fall!"* Habe bei deiner Präsentation also stets im Sinn: deine Präsentation soll darstellen, wie der mögliche Geschäftspartner mit seiner bisher aufgebauten Kraft – und deiner Hilfe – noch erfolgreicher werden kann.

Psychologische Überlegungen
Checke beim Aufbau deiner Präsentation: Ist der Mehrwert – also die Weiterentwicklung, von der wir eben sprachen – mit dem Unternehmen überhaupt machbar? Entscheidungen hängen nicht nur von der wirtschaftlichen Sinnhaftigkeit ab, sondern auch von Menschen. Entscheidend ist also, welchen Sinn ein Mehrwert für bestimmte Personen hat. Und dies kann von deren Position, von deren Interessen oder von der Dauer ihrer Zeit im Unternehmen abhängen. Achte außerdem auf Personen, die mehr zu sagen haben als andere: ein Geschäftsführer kann weniger Entscheidungskraft besitzen als ein Leiter der Forschungs- und Entwicklungsabteilung. Hierarchie ist also nicht immer ausschlaggebend. Strukturiere deine Präsentation im Idealfall so, dass die Personen mit dem größten Einfluss am meisten von deinen Inhalten angesprochen werden.

4.7.2 Besonderheiten bei den Inhalten der Präsentation

Die Vergangenheit zählt nicht
Vergangene Erfolge zählen wenig bei zukünftigen Projekten. Wenn die Rahmenbedingungen heute anders sind, kannst du in deiner Präsentation vor Geschäftspartnern also nicht sagen: *„Wegen des Erfolgs von gestern wird unsere Kooperation morgen ebenso erfolgreich."* Analysiere vielmehr deine bisherigen Erfolge im Detail, um den tatsächlichen Grund für den

Erfolg in der Vergangenheit zu kennen, und zeige auf, was davon noch zählt und welche neuen Punkte du identifiziert hast.

Das nächste Projekt beginnt jetzt
Jeder Auftritt von dir, sei dies vor, während und nach einer Präsentation, macht Eindruck bei deinem möglichen Geschäftspartner – positiv oder negativ. Stelle deshalb sicher, dass du einen möglichst guten Eindruck hinterlässt, auch wenn noch kein Folgeprojekt in Aussicht ist. Wenn du hier punktest, wird intern beim Geschäftspartner automatisch die Diskussion beginnen: „*Wie können wir mit diesen Gründern weitermachen?*"

5
Präsentieren vor Investoren

Präsentationen vor Investoren stellen Gründer regelmäßig vor besondere Herausforderungen. Das betrifft zum einen die Umstände, die eine solche Präsentation ausmachen,[1] zum anderen aber auch die für diese Art der Präsentation zur Verfügung stehenden Informationen.

Präsentation unter besonderen Umständen
Was die Umstände angeht, so sind diese insofern besonders, als dass es sich bei der Präsentation vor einem oder mehreren Investoren um eine Situation handelt, die relativ selten ist. Denn Gründer bekommen nicht oft die Gelegenheit, ihr Unternehmen vor Investoren vorzustellen. Investoren sind die „scheuen Rehe", die Gründern nicht jeden Tag über den Weg laufen. Das bedeutet, dass diese seltene Situation besonderen Stress erzeugt.

---

[1] Start-ups machen im Umgang mit Investoren viele Fehler. Damit du weißt, was auf dich zukommen kann, lese dir unbedingt Kapitel 10 des Buches „Fail – Wie man als Start-up versagt" von Carsten Lexa durch (Lexa 2020).

© Der/die Autor(en), exklusiv lizenziert durch Springer Fachmedien Wiesbaden GmbH, ein Teil von Springer Nature 2021
O. Grytzmann, C. Lexa, *So gewinnen Gründer ihre Pitches*,
https://doi.org/10.1007/978-3-658-33458-1_5

Darüber hinaus ist es in der Regel nicht so, dass Gründer einfach mal einen Investor anschreiben können, um ihr Unternehmen vorzustellen.

Substanzieller Geldbetrag
Schließlich kommt zu all dem noch eine psychologische Komponente hinzu: es geht häufig einerseits um einen substanziellen Geldbetrag, den die Gründer von dem Investor für ihr Unternehmen haben wollen, zum anderen ist die Gegenforderung für das Investment durch den Investor nicht oder zumindest nicht in allen Details bekannt. Hinzu kommt ergänzend noch die bei Gründern fehlende Erfahrung im Hinblick auf den Investmentprozess, dessen problematische Teile am besten schon im Rahmen der Präsentation angesprochen werden, was aber eben aufgrund der fehlenden Erfahrung der Gründer normalerweise unterbleibt.

Dies alles erzeugt bei Gründern erhöhten Stress, der sich negativ auf die Planung und Durchführung einer Präsentation auswirken kann.

Verfügbare Informationen zu Investoren
Wirft man einen Blick auf die Informationen, die bezüglich Präsentationen vor Investoren verfügbar sind, so stellt man schnell fest, dass diese zum einen rar sind und zum anderen diejenigen Informationen, die vorhanden sind, oftmals eine ganze Bandbreite an Tipps aufweisen, die sich bei genauer Betrachtung widersprechen. Kurz gesagt: es gibt wenig Literatur oder andere Medien wie Videos oder Podcasts, die sich mit dem Thema Präsentationen vor Investoren beschäftigen.

Der Einfluss von TV-Formaten
Darüber hinaus ist das Bild solcher Präsentationen von TV-Formaten wie „Die Höhle der Löwen" in Deutschland oder „Dragons' Den" in Großbritannien geprägt. Dieses Bild entspricht nicht immer der Wirklichkeit, denn bei diesen Formaten wird aufgrund der Notwendigkeit der Eignung für das Fernsehen Wert auf den Show-Charakter gelegt. Die oftmals viel relevanteren Teile des Investmentprozesses, zum Beispiel die juristischen, kommen viel zu kurz. Gibt es dann Informationen, in welchem Format auch immer, dann werden in diesen oftmals die theoreti-

schen Aspekte beschrieben. Diese lesen sich zwar sehr gut, finden aber in der Praxis nicht immer so Ausdruck oder Anwendung.

Nachfolgend wollen wir deshalb darstellen, auf was Gründer achten sollten, wenn sie vor Investoren eine Präsentation halten.

5.1 Das Ziel der Präsentation

Wie schon mehrfach von uns in diesem Buch beschrieben, ist es im Rahmen einer Präsentation maßgeblich, das Ziel der Präsentation nicht aus den Augen zu verlieren. Unter Ziel ist zu verstehen, was mit der Präsentation erreicht werden soll.

Wir sehen leider sehr häufig, dass diese Grundlage von Gründern nicht beachtet wird. Unserer Erfahrung nach werden regelmäßig entweder nur Standard-Präsentationen „abgespult", die nicht auf die besondere Situation der Präsentation vor Investoren ausgerichtet sind, sondern vielmehr auf eine allgemeine Art das Start-up vorstellen, oder es werden Präsentationen durchgeführt, die nicht auf die für einen Investor wesentlichen Aspekte eingehen. Beide Arten der Präsentationen werden nicht zum Erfolg führen.

Gründer sollten sich vielmehr sehr deutlich vor Augen führen, welches Ziel sie mit einer Präsentation vor Investoren bezwecken. Der wohl häufigste Fall wird sein, dass es um eine Investition geht. Die Gründer wollen Geld vom Investor haben, wobei dies entweder eine direkte Beteiligung am Kapital der Gesellschaft durch Kapitalerhöhung oder durch Erwerb von Anteilen der Gründer geschehen kann oder eine Bereitstellung von Geld über beispielsweise ein Darlehen oder eine stille Beteiligung.

Geldbetrag und Rendite
Unabhängig von der Art der Beteiligung ist es erst einmal wichtig zu verstehen, dass es darum geht, dass der Investor einen Geldbetrag zur Verfügung stellt. Die Frage, die sich nun Gründer stellen müssen, ist die des Interesses des Investors. Denn der Investor stellt Geld nicht einfach aus purem Vergnügen zur Verfügung. Sein Interesse liegt vielmehr darin, dass er eine Rendite auf sein Investment bekommt.

Die Rendite kann sich dabei grundsätzlich aus zwei Quellen speisen und Gründer tun gut daran, sich im Vorfeld genau zu überlegen, welche Quelle für den Investor interessant ist, weil dies wichtig sein wird für den Inhalt der Präsentation.

Zum einen kann es einem Investor darum gehen, dass er mit einer festen Rendite rechnen kann. Typisch ist dies bei der Verzinsung eines Darlehens oder einer stillen Beteiligung,[2] aber auch im Hinblick auf die geplante Ausschüttung. Zum anderen kann es dem Investor darum gehen, dass der Wert seiner Beteiligung steigt, weil der Unternehmenswert insgesamt steigt.

Für Gründer ist es nun wichtig, diese Interessen des Investors zu berücksichtigen und im Rahmen einer Präsentation aufzugreifen. Das Ziel der Präsentation wird also nicht einfach nur sein, das Unternehmen, seine Marktstellung, die Wettbewerber oder das Verkaufspotenzial seiner Produkte oder Dienstleistungen gleichwertig darzustellen.

5.2 Erwartungshaltungen von Investoren

Während jeder Investor seine eigenen Anforderungen hat und nach einem Investment sucht, das seinen persönlichen Interessen und Auswahlkriterien entspricht, solltest du ein paar Punkte beachten, die allgemein im Rahmen einer jeden Präsentation vor Investoren, unabhängig

---

[2] Sofern für den Investor nicht die Gewinnbeteiligung maßgeblich ist, die im Rahmen der stillen Beteiligung vereinbart wurde. Damit ist gemeint, dass beispielsweise der Investor einen bestimmten Prozentsatz vom Gewinn erhält, den das Unternehmen, in welches er investiert hat, am Ende eines Geschäftsjahres ausweist. Diese Art der Beteiligung kann für einen Investor sehr interessant sein, wenn er nämlich ein relativ kleines Investment getätigt hat, dafür aber eine überproportional große Gewinnbeteiligung bekommt. Ein Beispiel soll das verdeutlichen: Nehmen wir an, der Investor gibt in einem Fall ein Darlehen von EUR 500.000,00, verzinst mit 5 % pro Jahr; in einem anderen Fall investiert er einen Betrag von EUR 500.000,00 als stille Beteiligung, die ihm eine Gewinnbeteiligung von 5 % des Jahresgewinns gewährt. Im ersten Fall kann der Investor mit Zinsen in Höhe von EUR 25.000,00 pro Jahr rechnen, vorausgesetzt dass das Unternehmen diese auch zahlen kann. Seine Rendite beträgt 5 %. Nehmen wir nun an, dass das Unternehmen einen Jahresgewinn von EUR 1.000.000,00 ausweist. In diesem Fall entfällt auf die stille Beteiligung ein Betrag von EUR 50.000,00, was bezogen auf das Investment eine Rendite von 10 % ausmacht! Damit kann sich aus der stillen Beteiligung eine höhere Rendite ergeben als bei einem klassischen Darlehen, unter der Maßgabe, dass der Gewinn entsprechend hoch ist. Kombiniert mit einer festen Verzinsung und der Möglichkeit, Rechte in Bezug auf das Management des Unternehmens wahrzunehmen, wird so aus der stillen Beteiligung ein sehr attraktives Investmentvehikel.

von deren Präferenzen, eine Rolle spielen. Die nachfolgend aufgeführten Punkte sind unserer Erfahrung nach jedem Investor wichtig und sollten deshalb im Optimalfall in deiner Präsentation enthalten sein. Denn wenn du zu diesen Punkten schon Stellung nimmst, muss ein Investor nicht extra nachfragen und bekommt so ein professionelleres Bild von dir und deiner Präsentation, weil er merkt, dass du verstanden hast, worauf es einem Investor ankommt.

Rendite und Schutz vor Risiko
Zwei Aspekte wollen wir aber vorab besonders herausstellen, weil diese unserer Erfahrung nach eine Art Basis für alle Entscheidungen von Investoren sind.

Zum einen wollen Investoren vor allem eine Rendite auf ihr Investment. Sie stecken Geld in junge Unternehmen, um damit Geld zu verdienen. Wenn du zeigen kannst, dass sie mit deinem Unternehmen Geld verdienen, dann ist das schon einmal die halbe Miete.

Zum anderen wollen sie aber auch eine Antwort auf die Frage, wie ihr Investment vor Risiken geschützt werden kann. Dabei spielt es natürlich eine Rolle, welche Risikotoleranz ein Investor hat. Zwar stellt jedes Investment ein Risiko per se dar. Jedoch kann es auch eine große Rolle spielen, welche Barrieren für ein Start-up bestehen, um Nachahmer vom Markt fernzuhalten, welche Sicherheiten ein Start-up hinsichtlich des aufgezeigten Zeitplans geben kann oder wie komplex die Regulierungen sind, die das Start-up für sein Angebot zu beachten hat. Dies alles kann da Risiko für den Investor verschärfen.

Darüber hinaus gibt es, wie oben gesagt, eine Vielzahl an weiteren Punkten, von denen wir nachfolgend die unserer Ansicht nach wesentlichen aufzeigen wollen.

5.2.1 Expertise und Kontakte

Investoren möchten in Unternehmen und Branchen investieren, die sie verstehen können. Aus diesem Grund ist es wichtig, dass die Präsentation auf diesem Verständnis der Investoren aufbaut und typische Eigenheiten aus der Branche aufnimmt, um einem Investor zu zeigen, dass es sich für ihn lohnt, deinem Start-up seine Aufmerksamkeit zu widmen.

Oft beraten Investoren mehrere Investmentgesellschaften oder Start-ups. Deshalb haben sie wenig Zeit, eine neue Branche kennenzulernen und Kontakte innerhalb dieser Branche zu knüpfen. Das müssen sie auch nicht. Sie haben ihre besondere Expertise und ihre speziellen Kontakte innerhalb einer Branche, die sie gerade so wichtig für Gründer macht. Damit über die Branche das Interesse des Investors geweckt werden kann, solltest du Informationen über die Investoren einholen (natürlich sofern das überhaupt möglich ist und die Investoren im Voraus bekannt sind). Einfache Recherchen sollten die Interessen der Investoren sowie das Portfolio der Unternehmen aufzeigen, in die sie investiert haben. Daraus kannst du dann ableiten, in welche Richtung das Interesse eines Investors gehen wird.

5.2.2 Team und involvierte Personen

Einer der wichtigsten Faktoren, die für einen Investor eine Rolle spielen, sind die Gründer und die sonstigen involvierten Personen.

> **Beispiel**
>
> *Im Jahr 2004 starteten Alexis Ohanian und Steve Huffman Reddit. Die Gründung wurde vom Gründungszentrum Y Combinator finanziert. Alexis Ohanian und Steve Huffman hatten jedoch ursprünglich beim Y Combinator, und dort bei Paul Graham, eine andere Idee vorgestellt, nämlich die der App „MyMobileMenu", einer Restaurant-App für Take-Away-Gerichte. Diese Idee jedoch kam beim Y Combinator nicht an.*
>
> *Einen Tag nach der Präsentation jedoch meldete sich Paul Graham bei Alexis Ohanian und meinte, dass man beim Y Combinator einen Fehler gemacht hätte. Die Idee zur App wäre zwar wirklich nicht gut, aber Alexis und sein Kollege Steve wären als Personen gut angekommen. Paul Graham meinte dann weiter, dass sie die Titelseite des Internets erstellen müssten. Drei Wochen später wurde Reddit geboren und später für 20 Millionen Dollar an Condé Naste verkauft.*

Wenn du also ein Typ bist, mit dem man gut arbeiten kann, dann bist du genau der Typ Gründer, nach dem Investoren suchen.

5.2.3 Marktanteil und Wettbewerbsvorteil

Als Nächstes interessieren sich Investoren für deine Idee. Oder vielmehr, ob deine Idee in der Lage ist, ein Unternehmen mit einem großen Marktanteil zu werden bzw. ein Unternehmen zu werden, welches wettbewerbsfähig ist. Dabei spielt insbesondere die Größe des Marktes, in dem sich dein Start-up bewegen wird, eine Rolle. Wenn deine Idee für sie nur eine Million Euro wert ist, dann werden Investoren kein Problem haben, die Idee abzulehnen, denn sie verlieren ja ihrer Ansicht nach nicht viel und sie werden sich deshalb nicht schlecht fühlen. Hat deine Idee jedoch das Potenzial, Dutzende oder sogar Hunderte von Millionen zu verdienen, dann wäre es natürlich dumm, deine Idee einfach links liegen zu lassen.

Allerdings reicht ein großer Markt nicht aus. Du musst mit deinem Start-up auch einen Wettbewerbsvorteil in diesem Markt haben. Was wird es anderen schwer machen, mit dir in Konkurrenz zu treten? Was ist dein Vorteil gegenüber den Wettbewerbern, was sind die Marktzugangsbarrieren, was ist es, weshalb niemand mit dir konkurrieren kann? Was macht dich zum sogenannten „GameChanger"? Du benötigst ein Geschäftsmodell oder einen Geschäftsplan, der zeigt, wo du im Verhältnis zu deinen Mitbewerbern stehst. Investoren sehen dies als guten Ausgangspunkt eines Unternehmens an.

> **Oliver sagt**
>
> Denke beim Thema Wettbewerbsvorteil daran, was dein Start-up stark macht und nicht daran, was andere Unternehmen schwach erscheinen lässt. Die Schwäche eines Konkurrenten ist noch lange nicht deine Stärke und außerdem hinterlässt es bei Investoren einen faden Beigeschmack, wenn du deine Präsentationszeit dafür nutzt andere in einem schlechten Licht dastehen zu lassen. Die Stärke deines Start-ups ist die einzige Basis, die über ein Investment entscheidet.

5.2.4 Proof of Concept

Weiter wollen Investoren ein sogenannten „Proof of Concept" sehen. Damit ist gemeint, dass du demonstrieren kannst, dass sich deine Idee durchsetzen kann, und der Investor so in der Realität einen Eindruck davon bekommt, in welche Richtung die Unternehmensentwicklung gehen wird. Wenn Investoren feststellen, dass du mit deinen bislang begrenzten Mitteln in der Lage bist, echtes Interesse bei Kunden zu wecken, dann werden sie beginnen, darüber nachzudenken, wozu du in der Lage bist, wenn sie dir weitere Geldmittel zu Verfügung stellen.

Der Proof of Concept minimiert für Investoren das Risiko. Hier können Investoren sehen, wie du arbeitest und was du schon erreicht hast. Wir sehen immer wieder, dass sich Gründer ohne Ansätze eines Proof of Concept schwertun, Investoren zu überzeugen. Denn eine Idee zu haben, ist das eine. Zahlungsbereite Kunden zu finden das andere.

5.2.5 Cashflow und Finanzplan

Geld – es ist nicht schwer zu verstehen, warum dies wichtig ist, denn bei Geld handelt es sich, wie oben dargestellt, um das, was den Kern eines jeden Investments darstellt. Wenn nicht erkennbar ist, wie dein Unternehmen jemals Geld verdienen soll, ist es kein Unternehmen. Im Rahmen der Finanzplanung stellt dann auch der Cashflow-Plan den wohl wichtigsten Teil dar – also wie viel Geld in dein Geschäft fließt und wie viel Geld abfließt. Du musst nachweisen, dass du nach aktueller Planung ohne Investor deine eigenen Ausgaben tragen kannst, ohne zum jetzigen Zeitpunkt schon Geldmittel zu benötigen.

Sodann ist entscheidend, dass Investoren eine gute Rendite für ihre Investition erkennen können. Mit dem entsprechenden Finanzplan und den finanziellen Prognosen für den Geschäftsplan gibst du Investoren eine Vorstellung davon, wie lange es dauern wird, bis sie eine Rendite auf ihr Investment erzielen und sich so ihr Investment rechnet. Hier kommt darüber hinaus die „Exit-Strategie" ins Spiel. Eine Exit-Strategie stellt nicht deinen Plan für den Fall dar, dass dein Start-up scheitert, sondern es ist deine Planung für die Rückführung des Investments an die Investoren. Dies kann beispielsweise im Rahmen der Planung eines Börsengangs erfolgen, im Rahmen einer strategischen Akquisition durch ein anderes Unternehmen oder eines Management-Buy-outs. Wichtig ist aber in jedem Fall, dass die Investoren eine Vorstellung davon bekommen, was sie erwartet. Dies ist der Punkt, der Investoren besonders wichtig ist. Bereite ihn also umso gründlicher vor.

5.3 Psychologische Elemente

Präsentationen für Investoren basieren regelmäßig auf Spekulationen. Dies gilt besonders dann, wenn sich das Start-up noch ganz am Anfang befindet und es noch keinen Proof of Concept gibt, sondern nur eine Idee. Gerade dann müssen Gründer in ihrer Präsentation diese unsichere Investment-Zukunft der Investoren berücksichtigen. Dabei ist zu beachten, dass eine argumentative Belastbarkeit der Präsentation zwar erforderlich ist für deren generelle Überzeugungskraft, dies alleine aber nicht ausreicht. Erforderlich ist darüber hinaus emotionale Überzeugungskraft.

Keine Gefahren für das Investment
Im Klartext bedeutet dies, dass Gründer den Investoren während ihrer Präsentation nicht das Gefühl geben dürfen, dass besondere Gefahren für deren Investment bestehen. Damit meinen wir nicht, dass Gründer Investoren in falscher Sicherheit wiegen sollen. Es geht uns vielmehr darum, dass sich aus der Art der Präsentation Gefahren für einen Investor erkennen lassen, die über das generelle Risiko, welches von einem Investment in ein junges Unternehmen ausgeht, hinausgehen.

Beispiel

Beispiel 1: Wenn Investoren eine Präsentation erleben, in der die Zahlen, Daten und Fakten unverständlich und komplex aufbereitet werden, könnten sie die Lösung des Start-ups als schwierig einstufen. Schwierig wiederum erscheint im Kopf von Investoren so, als sei die Lösung mit hohem Ri-

> siko behaftet – und hohes Risiko ist wiederum eine Gefahr für das Investment.
>
> *Beispiel 2:* Wenn mehrere Gründer des gemeinsamen Start-ups zusammen eine Präsentation abhalten und die Abstimmung der Gründer nicht passt, zum Beispiel weil nicht klar ist, wer wann dran ist, oder wenn ein Gründer den anderen korrigiert, dann können Investoren den Eindruck bekommen, dass das Team nicht funktioniert. Dies wiederum ist ein Risiko, denn wenn schon eine Präsentation nicht klappt, was passiert dann, wenn wirkliche Probleme im Unternehmen auftauchen? Das wiederum erscheint als Gefahr für das Investment.
>
> *Beispiel 3:* Wenn Gründer vor Investoren damit angeben, dass ihr Unternehmen das nächste Facebook oder Google ist und dies auch im Rahmen ihrer Präsentation ernst meinen, dann gehen bei Investoren die Alarmglocken los. Denn Investoren wissen, dass viele Hürden zu nehmen sind, um Unternehmen wie Facebook oder Google zu erschaffen. Wenn Investoren sich also ernsthaft so überschätzen, dann entsteht bei Investoren schnell das Gefühl, dass es den Gründern an Realismus fehlt. Können Gründer ihre Marktstellung, den Wettbewerb und die Herausforderungen für ihr Unternehmen nicht richtig einschätzen, dann besteht das Risiko, dass die Gründer auf kommende Herausforderungen nicht angemessen reagieren können. Dies stellt eine Gefahr für das Investment dar.

Das gute Gefühl

Wie können Gründer nun mit der Herausforderung umgehen, bei Investoren einen guten Eindruck zu hinterlassen, der signalisiert, dass sie sich der Risiken bewusst sind und mit ihnen umgehen können? Wir empfehlen, das Augenmerk auf den Faktor Souveränität zu legen. Souveränität heißt dabei nicht, dass Gründer in allem, was sie im Rahmen einer Präsentation machen, perfekt sind. Das ist schlichtweg nicht möglich, selbst wenn die Gründer Erfahrung mit Präsentationen haben. Es bedeutet vielmehr, dass Gründer wissen, was sie können, aber auch, was sie nicht können, und dass sie dies überzeugend kommunizieren. Souveräne Menschen wissen um ihre Fähigkeiten und ihre Grenzen. Diese selbstbewusst zu vertreten, macht Souveränität aus.

Es ist deshalb deine Aufgabe, Investoren das Gefühl zu geben, dass ihr Investment bei dir bzw. bei deinem Team in guten Händen ist. Das bedeutet gerade nicht, dass du alles kannst und für alles sofort eine Lösung hast. Es bedeutet aber, dass du dir bewusst bist, was du kannst und wo noch Defizite bestehen, und dass du dies gelassen kommunizieren kannst.

Solltest du dich nun fragen, wie du dieses Ziel erreichen sollst, so können wir dir sagen: Souveränität kann man trainieren. Dazu gehört, dass du dich auf das vorbereitest, was kommt, und weißt, was in bestimmten Situationen passieren kann. Es gehört eine gewisse Gelassenheit dazu, damit du nicht bei der kleinsten Gelegenheit aus dem Konzept gebracht wirst. Es gehört Überzeugung von den eigenen Fähigkeiten dazu, aber auch das Akzeptieren der eigenen Schwächen. Und es bedeutet, dass du dich und dein Handeln reflektieren musst, am besten mit Hilfe Dritter, die dir den Blick von außen auf dich vermitteln.

Je ernsthafter du dieses Training angehst, umso schneller wirst du spürbare Erfolge sehen. Und diese Souveränität kannst du dann übrigens nicht nur im Rahmen von Präsentationen vor Investoren nutzen, sondern in allen möglichen Situationen deines Lebens. Wir meinen, dies ist ein ausgezeichneter Nebeneffekt!

5.4 Storytelling-Elemente

Weiter oben haben wir aufgezeigt, dass Risikovermeidung neben dem Streben nach Rendite einen wesentlichen Faktor in den Überlegungen eines Investors darstellt – und dass eine Präsentation, die versucht, mithilfe vieler und komplexer Worte zu überzeugen, das Risikoempfinden beim Investor (stark) erhöht. Für das Storytelling innerhalb einer Präsentation bedeutet dies insbesondere im Kontext von Investor Pitches: die geistigen Bilder der Story sind glasklar für jeden Teilnehmer der Präsentation verständlich. Die Personen der Story, deren Handlungen und Schwierigkeiten mit dem Status quo sind eindeutig und unter Nutzung von wenigen Wörtern verständlich.

Klare und schlichte Sprache

Achte insbesondere darauf, dass die Sprache, soweit es geht, schlicht gehalten wird. Dies ist besonders dann wichtig, wenn dein Start-up zusammen mit einer größeren Anzahl an anderen Unternehmen um ein Investment wetteifert. In diesem letztgenannten Fall muss das Start-up klar vor Augen haben, dass die Aufmerksamkeitsspanne der Investoren schon stark zusammengeschrumpft ist, bevor man überhaupt die Chance bekommt, sich zu präsentieren. Inhaltliche Kürze und Einfachheit der Sprache ist in solchen Situationen im Rahmen des Storytellings absolute Pflicht.

> **Oliver sagt**
>
> Eine solche Klarheit in eine Story zu bekommen, verlangt selbstverständlich nach einer mehrfachen Überarbeitung der Geschichte. Ein Tipp daher: Markiere bei der Überarbeitung deiner Story all die Begriffe farblich, die Abstraktes ausdrücken – also zum Beispiel „Digitalisierung", „konstanter Workflow", „die größte Herausforderung für". Überlege dir im Anschluss, wie du diese Begriffe stattdessen mit einem klaren Bild einer Situation (also in Form einer Geschichte) beschreiben kannst.

Kontrast zwischen Status Quo und Zukunft

Zusätzlich zu den klaren und eindeutigen Bildern sollten Start-ups bei Stories für Investoren auf einen klaren Kontrast zwischen dem Status quo und der angepeilten Zukunft auf dem angepeilten Markt setzen. Klare und einfache Kontraste verstärken die Verständlichkeit der Story – und somit der in der Präsentation beworbenen Lösung – auch deshalb, weil die Hörer einer Story bei Kontrasten unbewusst und bewusst mitdenken, also die zweite Hälfte des Kontrastes in eigenen Kopf vorwegdenken.

Eines muss dir klar sein: Storytelling verwendest du, um deine Daten, Zahlen und Fakten so darzustellen, dass sie emotional bei den Investoren ankommen. Durch Storytelling werden dein Unternehmen, deine Angebote, deine „hard facts" lebendig – und dadurch erhalten sie eine Bedeutung über die reinen Fakten hinaus. Versuche also, Investoren mithilfe des Storytellings neben der faktenbasierten Ebene auch auf der emotionalen Ebene anzusprechen.

5.5 Typische Fehler aus der Praxis

In der Theorie sind Präsentationen immer erfolgreich. Doch stehen Gründer dann vor den Investoren, dann zeigt sich, ob ihre Präsentation in der Realität funktioniert. Viele Fehler haben wir in den letzten Jahren erlebt, manche trotz unserer anderslautenden Empfehlungen. In aller Kürze wollen wir dir deshalb ein paar dieser Praxisfehler aufzeigen, damit du diese hoffentlich vermeiden wirst.

Sich nicht auf das Wesentliche konzentrieren
Meistens hat man als Gründer nicht viel Zeit, um vor Investoren zu präsentieren. Gleichzeitig wird oftmals viel Zeit vergeudet mit blumigen Ausführungen, Allgemeinplätzen und unspezifischen Aussagen.

Mach dir deshalb klar, was die wesentlichen Aussagen sind, die unbedingt vermittelt werden müssen. Achte auf die Ziele von Investoren und was du ihnen bieten kannst. Und hebe hervor, was dich und dein Unternehmen aus- und besonders macht.

Fehlende Vorbereitung
Wir erleben leider immer wieder, dass Gründer über die eigentliche Präsentation hinaus nicht vorbereitet sind. Damit ist gemeint, dass sie ihre eigenen Zahlen nicht kennen, den Markt oder die Wettbewerber nicht analysiert haben oder auf grundlegende Fragen zum Start-up oder zu den Produkten keine Auskunft erteilen können.

Konzentriere dich deshalb nicht nur auf die Präsentation als solche, sondern schaue über den Tellerrand hinaus. Überlege dir, welche Fragen kommen könnten, die nur indirekt mit der Präsentation oder mit den Inhalten der Präsentation zu tun haben. Es ist nicht schlimm, mal eine Frage nicht beantworten zu können. Wenn das aber öfter vorkommt, macht das keinen vertrauenserweckenden Eindruck.

Das Team nicht ins rechte Licht rücken
Viele Präsentationen vor Investoren beinhalten Informationen zum Team und zu den einzelnen Teammitgliedern. Allerdings werden die Teammitglieder nicht immer so präsentiert, wie sie es verdienen und wie es für Investoren Sinn macht.

Investoren sind nicht daran interessiert, welche tollen Titel ein Teammitglied im Unternehmen hat. Vielmehr wollen sie wissen, warum jemand im Team ist, welche Erfahrungen er mitbringt und für was er zuständig ist. Des Weiteren besteht oftmals von Seiten der Investoren Interesse daran zu erfahren, wie das Team ausgebaut werden soll. Dazu findet sich in vielen Präsentationen jedoch kein Hinweis. Merke dir: Investoren sind sehr am Team interessiert. Zeige ihnen, dass dein Team herausragend ist und das Vertrauen der Investoren verdient.

Nicht präsentieren können
Präsentieren zu können ist eine Kunst. Wir sind deshalb immer wieder verwundert, wie hemdsärmelig manche Gründer an eine Präsentation herangehen. Die Aussprache passt dann nicht, das Ziel und die Inhalte kommen nicht klar rüber und die Präsentation wirkt nicht so, als wüssten die Gründer, was sie tun.

Übe das Präsentieren! Zeige deine Präsentation deinen Freunden, deiner Familie oder einem professionellen Trainer. Mache das mehrfach und lass dir konstruktives Feedback geben. Und glaube nicht, dass du eine Präsentation halten kannst, nur weil du weißt, wie man PowerPoint bedient. Von Steve Jobs sagt man, dass er seine Präsentationen teilweise 200 Mal geprobt hat. Wenn er dies macht, dann solltest du das auch machen.

Kein Geschäftsmodell haben
Gründer präsentieren vor Investoren, weil sie von diesen Geld für ihr Start-up haben wollen. Manchmal hat man aber den Eindruck, dass gerade das Geschäftsmodell fraglich ist. Denn die Gründer können nicht immer erklären, wie sie Geld verdienen wollen und insbesondere wie viel.

Natürlich ist jede Geschäftsprognose mit Unsicherheiten behaftet. Das wissen Investoren. Dennoch müssen Gründer plausibel darlegen können, mit welchen Einnahmen, Kosten und Gewinnen sie rechnen. Darüber hinaus müssen sie wissen, welche Faktoren Einfluss auf die Kosten und den Gewinn haben können. Wenn hier die Informationen fehlen, ist das regelmäßig ein extrem schlechtes Zeichen.

Die Tücken der Technik
Zu diesem Punkt könnten wir viel erzählen. Aber wir wollen deine Zeit nicht verschwenden. Deshalb nur so viel: Achte darauf, dass deine technischen Hilfsmittel funktionieren. Willst du ein Video zeigen, dann solltest du darauf Zugriff haben. Brauchst du Internet, dann prüfe die Verbindung in dem Raum, in dem du präsentierst. Und habe für jedes technische Gerät, das du verwenden willst, einen Ersatz dabei (Laptop, Beamer, Software etc.). Nichts ist peinlicher als die folgende Aussage am Anfang einer Präsentation: *„Wir haben ein Video vorbereitet, aber wir können es leider nicht abspielen".* Es wirft ein schlechtes Licht auf deine Vorbereitung und damit auf deine Präsentation.

5.6 Dos & Don'ts

Wir haben schon Dutzende von Präsentationen vor Investoren begleitet – sei es aufgrund von Beratungsaufträgen auf Seiten der Investoren, sei es auf der Seite von Gründern. Aus diesem Grund haben wir schon viele Präsentationen erleben können, die sehr gut, aber auch sehr schlecht gelaufen sind. Aus genau diesen Präsentationen kann man jedoch eine Menge lernen. Wir wollen deshalb an dieser Stelle versuchen, auf ein paar Punkte einzugehen, die wir in ihrer Wirkung als gut oder als schlecht erlebt haben. Dabei meint „gut" bzw. „schlecht", dass diese Punkte im Hinblick auf das Ziel der Gründer, die Investoren zu einem bestimmten Handeln zu bewegen, förderlich oder hinderlich waren. Wir wollen aus diesen Punkten und den durch sie erzeugten Wirkungen Handlungsempfehlungen ableiten für Elemente, die in eine Präsentation aufgenommen oder weggelassen werden sollten.

5.6.1 Handlungsempfehlungen für Präsentationen

Vorbereitung
Du solltest vorbereitet sein auf unangenehme Fragen von Seiten der Investoren. Diese sind keine Schikane. Vergiss nicht, dass ein Investor am Ende des Tages bereit sein soll, Geld in dein Unternehmen zu investieren. Dabei sollten bei ihm keine Zweifel an dem Erfolg des Investments und damit an deinem Unternehmen verbleiben. Aus diesem Grund muss er sich vergewissern, dass alle Fragen, die er hat, beantwortet und alle Zweifel beseitigt werden.

> **Beispiel**
>
> *Wir haben schon erlebt, dass ein Investor mit deutlichen Worten die Marktchancen eines Start-ups ins Lächerliche gezogen und so angezweifelt hat. Wir haben auch schon erlebt, dass ein Investor einem Gründer das Mindset abgesprochen hat, das man seiner Ansicht nach braucht, um ein Unternehmen zu leiten. In einem anderen Fall hat sich ein Investor über einen Wettbewerber des präsentierenden Start-ups informiert und wusste, dass dieser eine neue Version eines Produktes am Start hatte, die dem Start-up bei wesentlichen Features überlegen war – die Gründer wussten es jedoch nicht. Er wollte deshalb wissen, wie die Gründer damit umgehen wollen. Und dann haben wir einmal einen Investor erlebt, der einem Gründer anhand von Beispielen mangelnden Teamgeist vorgeworfen hat, während dessen Teamkollegen ebenfalls anwesend waren.*

Wichtig ist, dass du auf Fragen solcher Art vorbereitet bist und dich professionell verhältst, wenn diese Fragen gestellt werden. Dabei solltest du im Hinterkopf haben, dass es gar nicht möglich ist, sich auf alle denkbaren Fragen vorzubereiten. Das ist aber unserer Erfahrung nach nicht problematisch. Wichtig ist vielmehr, welchen Eindruck du im Rahmen der Präsentation und bei der Beantwortung dieser Fragen hinterlässt. Eher unprofessionell ist es, wenn sich Gründer durch kritische Fragen aus dem Konzept bringen lassen oder sogar patzig antworten bzw. ihrerseits den Investor hart angehen.

Investoren wollen sehen, dass ihr Investment in dem Unternehmen, in das sie beabsichtigen zu investieren, gut aufgehoben ist. Dazu gehört auch, dass sie die Gründer als kompetent wahrnehmen und glauben, dass sie in der Lage sind, mit Problemen umzugehen. Deshalb ist wichtig, wie du mit kritischen Fragen umgehst. Und wenn du mal eine Antwort nicht parat hast, dann ist es immer noch souveräner, dies zuzugeben, als herum zu stammeln oder gar falsche Informationen mitzuteilen.

Übrigens stellen Investoren manchmal kritische oder harte Fragen nur, um zu sehen, wie Gründer mit dem Druck, der aus solchen Fragen entsteht, umgehen. Das darfst du dann nicht persönlich nehmen.

Hilfe zur Entscheidung
Wir erleben immer mal wieder, dass Gründer gegenüber einem Investor den Eindruck vermitteln, dieser müsse in ihr Unternehmen investieren. Sie versuchen, gegenüber dem Investor Druck auszuüben, damit dieser eine Entscheidung trifft. Wir hören leider auch immer mal wieder im Rahmen von Vorträgen, dass Gründer selbstbewusst gegenüber Investoren auftreten sollten, damit diese „nicht anders könnten, als zu investieren".

Unser Ansicht nach ist das kein sinnvoller Ansatz. In einem Punkt stimmen wir zwar zu: Gründer sollten nicht als devote Bittsteller auftreten. Allerdings führt das Unter-Druck-setzen gegenüber einem Investor selten zum Erfolg.

Aus diesem Grund solltest du dir die Situation noch einmal vor Augen führen, in der sich der Investor befindet: der Investor hat Geld, will investieren, ist sich aber nicht sicher, ob er mit einem Investment in dein Unternehmen das Richtige tut und eine Rendite erzielen wird. Er wird Zweifel haben, ob du bzw. dein Unternehmen das sind, was er sucht.

Deine Aufgabe ist es also, seine Zweifel zu zerstreuen, seine Fragen zu beantworten und ihm eine Entscheidung betreffend des Investments zu ermöglichen. Bei der Vorbereitung deiner Präsentation und natürlich erst recht bei der Durchführung solltest du deshalb darauf abzielen, dem Investor ein berechtigtes (!) gutes Gefühl im Hinblick auf dein Unternehmen zu geben.

Klare Aussagen
Immer wieder erleben wir bei Präsentationen, dass die Inhalte nicht greifbar bzw. klar sind. Präsentationen vor Investoren erfordern aber klare Aussagen. Was meinen wir damit?

Oftmals ist Gründern bewusst, dass ihnen bestimmte Informationen nicht vorliegen. Manchmal haben sie auch das Gefühl, dass eine Antwort, die sie eigentlich geben müssten, nicht gut passt oder kein gutes Licht auf das Start-up wirft. Oder es kann sein, dass sie einfach nicht mit der Antwort bzw. der Information, die sie geben müssten, zufrieden sind. Sie versuchen dann, mit salbungsvollen Worten den Eindruck zu vermitteln, sie würden einen bestimmten Inhalt darstellen, obwohl das nicht der Fall ist.

Wir raten dagegen, im Rahmen einer Präsentation klare Aussagen zu treffen – klare Aussagen beispielsweise zur Marktlage, zur Entwicklung des Marktes und des eigenen Unternehmens in diesem Markt oder zu den Vorteilen des eigenen Produkts oder der eigenen Dienstleistung. Klare Aussagen dienen in der Präsentation als Stützpfeiler der gesamten Argumentation des Start-ups. Sie signalisieren dem Investor auf der einen Seite, dass die Gründer wissen, wovon sie reden, und auch entsprechend kommunizieren können, wenn Informationen vage sind oder nicht vorliegen. Dies trägt zu einem souveränen Auftritt bei. Auf der anderen Seite versteht dann der Investor ganz klar, um welches bestimmte Thema es geht, dass dabei diese bestimmten Argumente die Grundlagen der Präsentation sind und die Gründer diese bestimmte Lösung anbieten können. Klartext ist gegenüber Investoren extrem wichtig. Du willst bestimmt nicht, dass sich die Investoren veräppelt fühlen, weil sie das Gefühl haben, du würdest bei bestimmten Punkten „rumeiern".

Oliver sagt

Platziere diese klaren Aussagen außerdem am Anfang deiner Präsentation oder am Beginn eines neuen Sinnabschnittes. Du präsentierst damit nicht nur greifbare Fakten – wie Carsten schon sagt –, sondern du gibst deinen Hörern mit diesen klaren Fakten auch klare Orientierung für deine Präsentation: „Jetzt reden wir über das hier, gleich über jenes."

5.6.2 Was in einer Präsentation vermieden werden sollte

Nervosität zeigen
Selbstverständlich übt die Situation einer Präsentation vor Investoren enormen Druck auf ein noch junges Unternehmen und deren Gründer aus. Das Fehlen von mentaler Stärke bei einer Präsentation signalisiert nun den Investoren auf einer emotionalen Ebene: die Verantwortlichen des Start-ups sind dem rauen Umfeld eines Marktes nicht gewachsen.

Klar ist jedoch: jeder Markt, den ein noch unbekanntes Unternehmen für sich reklamieren möchte, muss erst erobert werden und die Aussicht, dabei Hilfe von einem Investor in Form eines Investments zu bekommen, ist verlockend. Kein Gründer will versagen und sich später sagen lassen müssen, dass der Investor nur deshalb nicht eingestiegen ist, weil die Präsentation nicht gut war.

Wir erleben nun jedoch immer wieder, dass Präsentationen nicht gelingen, weil eben ihre Nervosität den Gründern einen Strich durch die Rechnung macht. Hier müssen wir jedoch klar sagen: es ist möglich, sich so auf eine Präsentation vorzubereiten, dass die Nervosität minimiert wird. Dies geschieht zum einen in der Weise, dass die Gründer ihre Präsentation kennen, sich mit dieser inhaltlich auseinandergesetzt haben, Fragen beantworten können und ganz allgemein wissen, worüber sie reden. Zum anderen ist es möglich, die Art der Präsentation, also das Auftreten, welches man im Rahmen einer Präsentation zeigt, zu üben. Das kann vor Freunden und Bekannten sein, oder auch mithilfe eines professionellen Trainers. Sich Hilfe zu holen, ist kein Tabu, sondern unserer Ansicht nach essenziell. Denn unserer Ansicht nach kann nur der Blick von außen helfen, die Schwachstellen einer Präsentation zu identifizieren. Hast du diese dann im Griff, dann wirst du feststellen, dass sich deine Nervosität legt.

Kritik immer entkräften wollen
Ein Start-up ist für die Gründer eine hochemotionale Angelegenheit, sind sie doch zum einen von ihrer Geschäftsidee überzeugt, zum anderen

investieren sie Zeit und Energie in die Etablierung eines Unternehmens. Zeit, Finanzen und persönliches Risiko sind untrennbar mit den Verantwortlichen des jungen Unternehmens verbunden. Kritik von Investoren am Start-up, an der Geschäftsidee oder an den Annahmen, die dem prognostizierten Erfolg zugrunde liegen, wird daher schnell mit Kritik an den Gründern gleichgesetzt. Oft gerät nach anhaltenden kritischen Fragen die Präsentation aus den Fugen, da die Vortragenden sich auf einen Verteidigungsmodus versteifen.

Unsere Meinung dazu: Kritik anzunehmen zeugt von souveränem Umgang mit dieser. Investoren sind nicht die Feinde der Gründer, sondern sie haben im Hinblick auf das mögliche Investment sehr valide Interessen, die sie zu schützen versuchen. Gründer müssen das respektieren. Gründer, die beständig versuchen, Kritik aus den Angeln zu heben, erscheinen schnell engstirnig, unsicher und beratungsresistent. Das verschreckt Investoren in kürzester Zeit, denn wenn Gründer schon im Rahmen einer Präsentation, aus Sicht des Investors eine relativ unspektakuläre Situation, mit Kritik nicht umgehen können, dann stellen diese sich schnell die Frage, was passiert, wenn es um eine ernsthafte Situation geht.

Wir empfehlen vielmehr, nicht in Panik zu geraten, insbesondere wenn mehrfach Kritik geäußert wird. Und feinfühlig für den Moment zu werden, an dem unter Umständen Kritik die gesamte Präsentation zu kippen droht. Du kannst solche Situationen, gegebenenfalls mit einem professionellen Trainer, in Rollenspielen vor der eigentlichen Präsentation üben. Und du kannst auch üben, wie du als Präsentator auf professionelle Weise Kontrolle über den Verlauf der Präsentation wiedergewinnen kannst.

Die allererste Präsentation vor dem Traum-Investor halten
Präsentationen sind niemals wirklich fertig, sondern unterliegen stetigen Verbesserungen. Das gilt insbesondere für Präsentationen, welche noch nicht praxiserprobt sind und bislang nur im Kopf der Gründer gut klingen. Bevor deshalb eine Präsentation vor dem Traum-Investor gehalten wird, sollte die Präsentation getestet werden, am besten nicht nur vor Freunden, sondern vor echten potenziellen Investoren (vielleicht wird ja so ein neuer Traum-Investor entdeckt). Daraus ergibt sich wichtiges

Feedback, nach dem auch konkret gefragt werden sollte, so unangenehm diese Situation unter Umständen sein mag.

Mit diesem Feedback ausgestattet, bist du wesentlich besser gerüstet, um letztendlich vor dem Traum-Investor erfolgreich zu sein.

Intransparent sein
Manchmal bestehen bei Gründern Defizite – sei es im Gründerteam, sei es in Bezug auf das Angebot. Ein grober Fehler ist nun, diese Defizite verbergen zu wollen, vielleicht sogar hinter abstrakten Begriffen und aufgeblasenen Behauptungen. Investoren, die Erfahrungen mit Investments haben, fallen darauf nicht herein. Die Folge ist Skepsis gegenüber der Präsentation und damit gegenüber den Gründern und dem Unternehmen. Und Skepsis ist, wie oben gezeigt, nicht geeignet, um das Gefühl von Risiko zu verringern.

> **Beispiel**
>
> *Beispiel 1:* Wenn dein Start-up eine App entwickelt hat, dann werden sich Investoren für die Download-Zahlen interessieren. Wenn diese nicht gut sind, dann solltest du das kommunizieren – auch wenn das auf den ersten Blick negativ aussieht. Denn zumindest kannst du so die Begründung dafür steuern. Muss der Investor erst deswegen nachfragen, hinterlässt das einen schlechten Eindruck, weil leicht ersichtlich ist, warum die Gründer nicht selbst zu diesem offensichtlichen Punkt Stellung bezogen haben.
>
> *Beispiel 2:* Es kann sein, dass Defizite bei den Fähigkeiten und den Kenntnissen der Teammitglieder bestehen. Ein Fehler wäre es nun, sich nur auf die positiven Aspekte zu konzentrieren, wenn diese Defizite für das Unternehmen eine Rolle spielen und deren Fehlen ein Risiko für das Unternehmen darstellt. Besser wäre es, die Defizite proaktiv anzusprechen und klarzustellen, dass die Defizite bekannt sind und wie sie beseitigt werden sollen.

Erfolge nicht demonstrieren
Wir erleben es immer wieder, dass Gründer das, was sie schon an Assets haben – sei es fertige Produkte, Software, Prototypen –, nicht als Demonstration in ihre Präsentationen einbauen. Stattdessen wird über ein Produkt oder einen Prototypen nur geredet.

Das ist eine vertane Chance. Denn es gibt nichts Deutlicheres für Investoren als eine Demonstration von dem, um das es in der Präsentation geht. Worte sind gut und schön, aber eine Demonstration lässt das Angebot des Start-ups erlebbar werden.

Natürlich hören wir dann oftmals den Einwand, dass ja *„der Prototyp (oder das Produkt oder die Software) noch nicht fertig sei".* Das ist ein verständlicher Einwand, der aber unserer Meinung nach nicht stichhaltig ist. Wenn aus der Präsentation hervorgeht, dass die Entwicklung dessen, was später angeboten werden soll, noch nicht fertig ist, dann ist es völlig legitim, das Angebot in dem Zustand zu präsentieren, in dem es sich gerade befindet. Die Story ist damit konsistent. Wir erleben leider jedoch immer wieder, dass das Unternehmen und das Angebot viel besser dargestellt werden, als sie tatsächlich sind. Dann natürlich würde ein unfertiger Prototyp nicht dazu passen. Aber noch einmal: Investoren sind gut darin, Präsentationen von Gründern einzuschätzen. Inkonsistenzen werden regelmäßig von ihnen erkannt und dies führt nicht dazu, ihre Meinung über die Gründer und ihr Start-up zu verbessern.

5.7 Tipps für bessere Präsentationen vor Investoren

Wir können es nicht oft genug sagen: Investoren beteiligen sich an einem Unternehmen nicht einfach aus Spaß. Mit einem Investment wird ein klares Ziel beabsichtigt – nämlich ein möglichst großer Return on Investment. Gründer müssen deshalb im Rahmen einer Präsentation vor Investoren herausstellen, dass es sich für die Investoren lohnt, in das präsentierende Start-up zu investieren.

Als eine Art Schnell-Check und Zusammenfassung folgen an dieser Stelle diejenigen Punkte, die im Rahmen von Präsentationen vor Investoren unserer Erfahrung nach immer eine mehr oder weniger große Rolle spielen. Diese Punkte sollten auf jeden Fall im Rahmen von Präsentationen beachtet werden.

5.7.1 Besonderheiten bei der Art der Präsentation

In der Kürze liegt die Würze
Es gibt den schönen Spruch von Antoine de Saint-Exupéry, in dem es heißt, dass Perfektion nicht dann erreicht wird, wenn es nichts mehr hinzuzufügen gibt, sondern wenn nichts mehr weggelassen werden kann. Diesen Spruch solltest du dir auf der Zunge zergehen lassen. Weniger ist mehr! Viele Gründer meinen, dass sie möglichst viel erzählen müssen, und unterschätzen, wie schnell man ins inhaltsleere Schwadronieren kommt, wenn man vor Leuten steht und redet. Reden ist eine Kunst und sie muss trainiert werden. Deshalb solltest du dir immer wieder vor Augen führen, dass eine Präsentation besser abschneidet, wenn sie kurz und knackig ist und sich auf das Wesentliche konzentriert.

Buzzwords sind unnötig
Eine Präsentation soll einem Investor erklären, warum es sich für ihn lohnt, sich an einem bestimmten Unternehmen zu beteiligen. Toll klingende Buzzwords, am besten noch in „Denglisch", zeigen dabei nicht, wie hipp du als Gründer bist, sondern dass du es nicht verstehst, dich klar und verständlich auszudrücken. Viele Buzzwords lassen bei Investoren die Alarmglocken läuten. Du solltest deshalb bei Präsentationen darauf achten, dass die Sprache im Rahmen der Präsentation einfach und direkt ist.

Der Aufbau entscheidet
Du solltest dir genau überlegen, wie du deine Präsentation aufbaust. So kann es sinnvoll sein, in den ersten zwei Minuten in aller Kürze zu erläutern, was die Idee und das Produkt sind, wie viele Kunden es schon gibt und wie viel Geld die Gründer im ersten Jahr oder in den ersten beiden Jahren beabsichtigen zu verdienen. Danach können weitere Ausführungen kommen. Wer so etwas einmal auf großer Bühne sehen möchte, der sollte sich die Präsentation von Steve Jobs zur Einführung des ersten iPhones anschauen. Jobs brauchte nur knapp drei Minuten, um das iPhone als die neue unglaubliche Innovation des Unternehmens anzukündigen. Die Features, über die das Mobiltelefon verfügte, wurden danach in aller Ruhe in weiteren rund 45 Minuten erläutert. So eine Art der Präsentation funktioniert auch bei Investoren. Gründer denken oft,

dass am Ende einer Präsentation die große Überraschung oder ein Knalleffekt kommen muss. Das Gegenteil ist der Fall. Investoren wollen wissen, woran sie sind. Die Überraschung muss eine tolle Idee mit einer großartigen Chance sein, Geld zu verdienen. Und das solltest du möglichst schnell zeigen.

Wenn mehrere sprechen, sollte die Abstimmung passen
Manchmal gibt es mehrere Gründer, die während einer Präsentation sprechen. Das kann Sinn ergeben, beispielsweise wenn es im Gründer-Team Experten zu unterschiedlichen Aspekten des Unternehmens wie beispielsweise der Technik oder dem Vertrieb gibt. Wenn es jedoch mehrere Redner gibt, sollten die Übergänge von einer zur anderen Person passen. Oftmals gibt es Hänger oder eine Person hört auf zu reden, der anderen Person ist aber nicht klar, dass sie jetzt dran ist. Das wirkt nicht gut, denn so entsteht der Eindruck, dass die Redner nicht genau wissen, wie sie über was sprechen. Gibt es bei deiner Präsentation mehrere Redner, dann solltest du nicht nur die inhaltlichen Aspekte üben, sondern auch die Stichwörter, die den Übergang von einer zur nächsten Person markieren, damit diese Übergänge leicht und mühelos wirken. Und du solltest klären, wie mit einem „Hänger" umgegangen wird oder wer Fragen der Investoren beantwortet. Hier sehen Investoren dann auch die Rollenverteilung in einem Team (dazu sogleich noch ein Hinweis).

Die Elemente einer Präsentation sollten funktionieren
Wir beobachten immer wieder, dass im Rahmen einer Präsentation Elemente wie beispielsweise Videos eingebunden werden sollen. Kommt dann der Moment, in dem das Video abgespielt werden soll, kann es sein, dass das Abspielen des Videos nicht geklappt, weil zum Beispiel über eine WLAN-Verbindung auf das Video zugegriffen werden sollte und das WLAN nicht funktionierte. Hier hört man dann regelmäßig Entschuldigungen der Gründer, wie beispielsweise: *„Als wir es ausprobiert haben, hat es geklappt"*. Der hinterlassene Eindruck ist aber nicht gut. Zum einen fehlen Inhalte der Präsentation, zum anderen fehlt es allgemein an Professionalität.

Du solltest also bei einer Präsentation darauf achten, dass auch wirklich alles funktioniert, was benötigt wird. Merke dir: Es gibt keine zweite Chance für einen guten ersten Eindruck!

5.7.2 Besonderheiten bei Inhalten von Präsentationen

First things first
Was interessiert einen Investor? Wir haben es schon mehrfach in diesem Buch betont: Er will wissen, wie er mit seinem Investment Geld verdienen kann. Also sollte die Präsentation genau diese Frage möglichst schnell beantworten und zeigen, warum ein Investment in das Start-up gut für den Investor ist. Es ist schön, wenn ein junges Unternehmen eine tolle Vision hat und vielleicht irgendwann mal eine Milliarde Euro an Umsatz macht. Aber viel spannender ist es, wenn du zeigen kannst, wer das Produkt oder die Dienstleistung schon benutzt und was die Nutzer bereit sind, dafür zu zahlen. Insbesondere wenn es schon Nutzer gibt, sollte dieser Punkt herausgestellt werden. Und wenn diese dann noch bereit sind, zu zahlen – umso besser. Nichts zeigt deutlicher, dass für ein Produkt oder eine Dienstleistung ein Markt besteht, als Nutzer, die schon bereit sind, dafür zu zahlen.

Was existiert schon, was fehlt noch?
Gründer neigen dazu, ihr Produkt oder ihr Unternehmen in rosigen Farben darzustellen. Da spricht auch erst einmal nichts dagegen. Aber Investoren sind nicht doof. Sie merken, wenn die Präsentation nicht rund ist – insbesondere, wenn Fragen offenbleiben. Du solltest also in einer Präsentation auch die problematischen Punkte ansprechen. Denn Investoren finden diese meisten schnell heraus und wollen dann nicht nur wissen, warum dieses Problem besteht, sondern auch warum die Gründer darüber nicht sprechen. Besser ist es deshalb, ein Problem als solches darzustellen und die Lösung anzubieten. Investoren mögen Ehrlichkeit, dies schafft Vertrauen.

Wer ist im Team?
Ein Thema interessiert Investoren immer: Wer sind die Gründer und wer gehört sonst noch zum Team? Zum einen wollen Investoren wissen, welche Kompetenzen im Start-up vorhanden sind. Zum anderen wollen sie sehen, welche Kompetenzen fehlen und irgendwann noch ergänzt werden müssen.

Dann solltest du nicht vergessen, dass irgendwann Schwierigkeiten auftreten werden – und Investoren wissen das. Sie wollen deshalb sehen, ob das Team in der Lage ist, mit Schwierigkeiten umzugehen.

Und schließlich wissen Investoren auch, dass es für ein Unternehmen mehr braucht als ein Team bestehend aus ein paar Gründern, die von ihren Kompetenzen und ihren Charakteren her gleich sind. Also zeige ihnen, dass du ein sinnvolles, heterogenes und diverses Team zusammengestellt hast.

Wer steht im Wettbewerb?
Die wirklich genialen und einzigartigen Ideen sind sehr rar. Oftmals gibt es für eine Geschäftsidee schon einen vergleichbaren Ansatz eines anderen Unternehmens. Das ist nicht schlimm, denn es braucht schon mehr als nur eine Idee, um als Unternehmen Erfolg zu haben. Du solltest dich aber jedenfalls mit dem Wettbewerb und den Stärken und Schwächen konkurrierender Unternehmen auseinandersetzen. So zeigst du den Investoren, dass du zum einen den Wettbewerb kennst und zum anderen im besten Fall weißt, warum dein Start-up besser ist oder welche Vorteile dein Unternehmen den Wettbewerbern gegenüber hat.

Fokus
Dieser letzte Punkt ist besonders wichtig. Das Thema Fokus wird oftmals nicht richtig umgesetzt, spielt aber bei allen Aspekten einer Präsentation eine Rolle. Fokus heißt, sich auf etwas zu konzentrieren. Du solltest keine Standard-Präsentation vorbereiten, sondern deine Präsentation genau an den Erwartungen der Zuschauer ausrichten. Eine Präsentation verfolgt

mit all ihren Elementen ein Ziel. Verfolge präzise dieses Ziel und eröffne keine Nebenkriegsschauplätze oder werfe durch Ungenauigkeiten im Rahmen der Präsentation unnötige Fragen auf.

Literatur

Lexa. (2020). *Fail – Wie man als Start-up versagt*. Wiesbaden: Springer Gabler.

6

Der nächste Schritt

Hebe deine Präsentationen auf das nächste Level! Alle Tipps, die wir in diesem Buch dargestellt haben, basieren auf unseren praktischen Erfahrungen als Berater für Unternehmen, als Vortragsredner und als aktive Debattierer auf nationalem und internationalem Level sowie als Teilnehmer an Public-Speaking-Wettbewerben. Wir wissen also, dass diese Tipps deine Präsentationen besser machen.

Wir wissen aber auch, dass Theorie alleine nicht immer ausreichend ist. Denn letztendlich kommt es auf die Umsetzung in der Praxis an. Präsentationen müssen also geübt werden. Wenn es dir nun an Gelegenheiten dafür fehlt, dann verzage nicht – denn wir eilen dir zur Hilfe.

Seit Jahren beraten wir Gründer und junge Unternehmen im Hinblick auf deren Präsentationen. Dabei vermitteln wir nicht nur die theoretischen Grundlagen, sondern trainieren gezielt die einzelnen Elemente von Präsentationen und gehen dabei auf die besonderen Umstände derjenigen ein, die wir trainieren.

Wenn du Interesse hast, von uns trainiert zu werden, dann schau dir unsere Angebote an. Du findest alle Vorträge, Trainings und Workshops, die wir anbieten, auf der Webseite zu diesem Buch: www.pitchperfekt.de.

Und nun kommt noch das Beste: Wenn du dich anmeldest und uns im Rahmen der Anmeldung den Rabattcode „**PresentIT2021**" nennst, sparst du 20 % auf den Nettopreis der auf der Webseite genannten Trainings. Bitte beachte: Der Code ist unabhängig davon, ob du dieses Buch gekauft hast oder nicht. Der Code ist personenabhängig, kann damit von dir nur einmal verwendet werden und gilt bis einschließlich 31. Dezember 2022. Wähle also dein Training weise …;-)

Alles kommt zu einem Ende
Wir freuen uns sehr, dass du uns bis hierhin gefolgt bist und wir hoffen, du hast viele Anregungen für deine nächsten Präsentationen bekommen.

Bleibt eigentlich nur noch ein Appell: lass uns reden! Lass uns wissen, was du von diesem Buch und den darin beschriebenen Ideen hältst. Wir sind nämlich sehr interessiert an DEINEN Ideen, an DEINER Meinung und generell an DEINEM Input. Deshalb: kontaktiere uns, schreibe und eine E-Mail oder eine Nachricht und lege nicht einfach dieses Buch zu Seite und wende dich dem nächsten zu. Wir sind extrem interessiert, welche Gedanken du hast – wer weiß, was sich aus unserem Dialog ergibt …

Erreichen kannst du uns zu diesem Buch gerne über diese Kanäle:

Web: www.pitchperfekt.de
E-Mail: hallo@pitchperfekt.de

Oliver erreichst du ansonsten hier:

Web:	www.candid-rhetorics.de
E-Mail:	ich@schreibegeschichten.de
LinkedIn:	www.linkedin.com/in/oliver-grytzmann-301152bb
XING:	www.xing.com/profile/Oliver_Grytzmann/cv
Apple Podcasts:	podcasts.apple.com/de/podcast/des-hofnarren-x-streich/id1522645957

Und Carsten kannst du hier erreichen:

Web:	www.kanzlei-lexa.de
E-Mail:	kontakt@kanzlei-lexa.de
Twitter:	www.twitter.com/kanzlei_lexa
Facebook:	www.facebook.com/kanzlei.lexa
Instagram:	www.instagram.com/carstenlexa
LinkedIn:	https://www.linkedin.com/in/carstenlexa
YouTube:	http://www.youtube.com/kanzlei_lexaDE

Und wenn du zu diesem Buch eine Rezension auf Facebook, LinkedIn, Twitter oder Instagram bzw. auf der Webseite von Springer Gabler oder auf Amazon hinterlässt, dann würde uns das ungemein freuen.

 springer-gabler.de

Kluge Bücher

Jetzt bestellen: springer-gabler.de

Noch mehr kluge Bücher

Jetzt bestellen: springer-gabler.de

The manufacturer's authorised representative in the EU is Springer Nature Customer Service Centre GmbH, Europaplatz 3, 69115 Heidelberg, Germany. If you have any concerns regarding our products, please contact ProductSafety@springernature.com

Printed and bound by CPI Group (UK) Ltd, Croydon, CR0 4YY

25/03/2026

02078226-0007